AF150794

David Einhorn

Beständige Leuchte

Die Lehre des Judenthums

David Einhorn

Beständige Leuchte
Die Lehre des Judenthums

ISBN/EAN: 9783743673915

Hergestellt in Europa, USA, Kanada, Australien, Japan

Cover: Foto ©Lupo / pixelio.de

Weitere Bücher finden Sie auf **www.hansebooks.com**

נר תמיד

(Beständige Leuchte).

Die Lehre des Judenthums,

dargestellt

für Schule und Haus

von

Dr. David Einhorn,

Rabbiner der Keneseth Israel-Gemeinde zu Philadelphia.

Philadelphia.

Gedruckt bei Stein und Jones, 321 Chestnut Straße.

1866.

Entered according to act of Congress in the year 1866 by Dr. David Einhorn in the Clerks
Office of the District Court of the Eastern District of Pennsylvania.

BM
560
E35
1866

Dem verklärten Geiste

seines am 10. November 1865 in der Blüthe der Jugend

entschlummerten Sohnes

Max Einhorn

weiht diesen Ner Tamid in väterlicher Liebe

der Verfasser.

Vorwort.

.

Gegenwärtige Schrift ist darauf berechnet, der reiferen Schuljugend und auch den, mit den Religionsquellen nicht vertrauten Erwachsenen jüdischer Confession nicht blos allgemeine Prinzipien des Judenthums darzulegen, sondern zugleich einen Einblick in das Wesen des Gottesgesetzes und dessen Entwickelungsgang zu verschaffen. Die Nothwendigkeit, Manches zu berühren, was der Schuljugend noch ferne liegt, ergiebt sich nicht blos aus der Rücksicht auf den später erfolgenden Selbstunterricht, sondern auch aus dem Bedürfnisse nach einer systematischen Gruppirung der Gesetze. Der denkende Lehrer, dessen Unterricht auch zum Denken erweckt und nicht auf einen geisttödtenden Mechanismus hinausläuft, wird das, für den Augenblick noch Ungeeignete leicht überschlagen können, ohne den logischen Faden zu zerreißen und ohne dem Schüler die Erkenntniß des Geistes, der in dem Vorenthaltenen sich ausspricht, zu schmälern. Daß aber auch die Lehre von der Beschneidung, von der Keuschheit, Ehengemeinschaft und Blutschande durchweg für den Schulunterricht ungeeignet wäre, kann meines Erachtens nur aus einem falschen Anstandsgefühle heraus behauptet werden. Die Schule kann unmöglich ihre Aufgabe, das Judenthum gleichsam in Fleisch und Blut eindringen zu lassen, erfüllen, wenn sie sich blos auf Mittheilung einiger religiöser Grundsätze beschränkt und es vermeidet, deren gesetzliche Zeugungskraft nachzuweisen, womit sie selber erst Fleisch und Blut gewinnen. Von gleicher Nothwendigkeit erschien mir die Darlegung des reformatorischen Gedankens sowohl im theoretischen, wie im practischen Theile. Die Schule darf eine solche Darlegung nicht umgehen, wenn die Reform eine r e l i g i ö s e Grund= lage auch in den Gemüthern gewinnen und der Entsittlichung, welche die innere Zerrissenheit mit sich führt, vorgebeugt werden soll.

Möge diese Arbeit Einiges dazu beitragen, wahre Religiosität in Israel zu verbreiten!

P h i l a d e l p h i a , 22. Februar 1866.

Der Verfasser.

Inhalts=Verzeichniß.

	Seite.
Die Religionslehre	9
Von der göttlichen Offenbarung	10
Von den Eigenschaften und dem Berufe der Propheten	14
Von der Uroffenbarung	20
Von Gottes Offenbarungen durch Moses	24
Quellen der Offenbarung	29
Erkenntnißlehre	33
Verhältniß zwischen Gott und Welt	35
Verhältniß zwischen Gott und Menschen	38
Verhältniß zwischen Gott und Israel	49
Pflichtenlehre	56
Heiligung des göttlichen Namens	58
Heilighaltung des Menschen	69
Heilighaltung der Natur	86
Der Sabbath	89
Die Ceremonien	93
Die Festtage	96

VIII

Druckfehler.

S. 11 3. 13 v. u. lies „Jebamoth".

S. 19 3. 5 v. u. lies מַלְדָּר ſt. מְלַמֵּד

S. 21 3. 2 v. u. lies „Götzendienſt".

S. 34 3. 11 v. o. lies „die Himmel und Himmel Himmel".

S. 41 3. 5 v. o. lies „ſeine" ſt. eine.

S. 41 3. 17 v. o. lies „könne" ſt. könn.

I.

Die Religionslehre.

---

1. Die Religionslehre handelt vom göttlichen Wesen und dessen Verhältniß zu den andern Wesen, wie von der Art und Weise, dasselbe zu verehren und anzubeten, und zerfällt demnach in Erkenntnißlehre und Pflichtenlehre. Jene enthält Wahrheiten, diese enthält Gebote.

2. Alle menschlichen Pflichten beruhen auf dem Willen Gottes. Um aber das, was Gott von uns verlangt, wirklich zu erkennen, müssen wir vor Allem richtige Vorstellungen vom Wesen Gottes und seinem Verhältniß zu den übrigen Wesen haben. Die wahre Gottesverehrung erfordert Erkenntniß Gottes; falsche Vorstellungen von Gott führen nothwendig auch zur Fälschung des göttlichen Willens.

Anmerkung. Die Lehre, die göttliche Wahrheit wird daher (Sprüche Sal. 6, 23) das Licht genannt, das Gebot aber, das Gesetz — die Lampe, woran das Licht angezündet wird und woraus es hervorleuchtet. Falsche Begriffe von Gott sind dagegen mit Irrlichtern, wie der falsche Cultus mit einem Sumpfe zu vergleichen, worauf jene täuschend und irreleitend sich bewegen.

3. Die Religionslehre, zu welcher wir uns bekennen, heißt die mosaische und ist in den Büchern der heiligen Schrift enthalten.

Anm. Die Schrift gebraucht häufig den Ausdruck: „Lehre Mosis" neben der wesentlicheren Bezeichnung „Lehre Gottes". Um sie von andern Religionslehren, die sich gleichfalls für Gotteslehre ausgeben, zu unterscheiden, wird sie nach dem Namen ihres menschlichen Hauptverkünders genannt.

4. Ihren Grundzügen nach wurde die mosaische Lehre schon von Abraham verkündet. Moses erkannte aber das Wesen und den Willen Gottes in weit höherem Grade, als Alle, die ihm vorangingen; er allein wird von Gott der Vertraute seines g a n z e n Hauses genannt (Num. 12, 7).

5. Nicht W u n d e r bezeugen uns den göttlichen Ursprung der Moseslehre, sondern ihre V o r t r e f f l i ch k e i t, ihre m e r k w ü r d i g e E r h a l t u n g und ihre w e l t g e ſ ch i ch t l i ch e W i r k ſ a m k e i t. Wunder ſind täuschend und können auch für Irrlehren zu Hülfe ge= rufen werden (5 B. M. 13, 2–6).

Sie (die Lehre) ist euere Weisheit und euere Vernunft vor den Augen der Völker. Deut. 4, 6. Gottes Lehre ist vollkommen, labet die Seele. Pſ. 19, 8. (Maimonides Jesode Hatthorah 8, 1.)

A n m. Moses bedient ſich vor Israel allerdings der Wunder zur Beglaubigung ſeiner Sendung (Exod. 4, 1. 5, 30), aber nur aus Rücksicht auf den heid= niſchen Sinn der geknechteten Stammesgenoſſen und die damalige allgemeine Sitte — namentlich in Aegypten, wo weise Männer auch als Zauberer galten. Wunder können ohnehin ſelbst im günstigsten Falle nur die überzeugen, die ſie mit eigenen Augen ſehen, und ſelbst diese nicht für die Dauer, wie die Sünde des goldenen Kalbes und Korah's Aufruhr beweisen.

II.
Von der göttlichen Offenbarung.

6. Auf zweierlei Arten kann nach der israelitischen Religionslehre das Wort Gottes vernommen werden; a. durch Traumgesichte und ſon= stige Visionen, und b. durch geistiges Schauen im wachen Zustande. Von der ersteren Art waren die Mittheilungen Gottes an die Erzväter über das Loos ihrer Nachkommen (Genes. 15. 26, 24. 28, 12), die

Aufforderung Jacobs zur Reise nach Mizraim (Genes. 46, 3), die Gesichte des Jesaias, Jecheskels und Sacharia's und anderer Propheten. Von der letzteren Art waren sämmtliche göttliche Offenbarungen an Moses, mit dem Gott nicht durch Gesichte, sondern von Mund zu Mund, d. h. von Geist zu Geist geredet (4 B. M. 12, 8).

7. Daß die Vernehmung des göttlichen Wortes in Traumgesichten der im wachen Zustande an Klarheit und Zuverlässigkeit bei Weitem nachsteht, wird an der eben angeführten Schriftstelle hervorgehoben und ist in der Natur der Sache begründet. Denn die Offenbarung in Träumen geschieht gewöhnlich in Bildern, deren Deutung dem Schauenden selbst unklar bleiben kann (Sechariah 4, 4. 11), und ferner immer in einem Zustande, in welchem die Einbildungskraft keine Zügel kennt und somit leicht auch Täuschendes mit dem Wahren und Göttlichen vermischen kann.

Anm. So hat Abraham offenbar nur im Traume den vermeintlichen göttlichen Befehl vernommen, Jizchak zu opfern (vergl. Akedath Jizchak zu Genes. 12). Auch Jesaiah sah im Traume die vermeintliche Gestalt des gestaltlosen Gottes (vergl. Jebamoth 49 b).

8. Die Fähigkeit, durch die zwei genannten Werkzeuge das göttliche Wort zu vernehmen, findet in beiderlei Fällen in verschiedenen Graden statt; sie ist in gewissem Grade eine Naturanlage aller Menschen, wird erst in außerordentlichem Maße zur Prophetengabe, und zeigt sich selbst innerhalb ein und derselben Classe, der Propheten, wie der Nichtpropheten, in ungleichen Stufen. Jeder Mensch kann Gottes Stimme und Gottes Gesetz durch dessen wundervolle Werke und das eigene Gewissen vernehmen. Die Himmel erzählen die Ehre Gottes und seiner Hände Werk verkündet das Weltall. Die Mahnung an Kajin: „Die Sünde lauert vor der Thüre, sie trägt Verlangen nach dir, aber du kannst sie beherrschen!" setzt voraus, daß ihm der beabsichtigte Brudermord als Verbrechen bekannt sein müsse, obgleich ihm darüber keine

außergewöhnliche Offenbarung zu Theil geworden. Dasselbe beweist das Schicksal des sündfluthlichen Geschlechtes, wie der Völker Kanaan's, die darum vertrieben und so schwer bestraft wurden, weil sie sich dem Aberglauben der Todtenbeschwörung u. s. w., wie der Blutschande hingaben (Lev. 18, 27. Deut. 18, 12), und doch ist ihnen nirgends, selbst nicht durch eine Uroffenbarung, Etwas der Art förmlich verboten worden. Auch hier wird also das Vermögen bestimmt vorausgesetzt, den göttlichen Willen wenigstens in Bezug auf gewisse Gesetze schon durch die Natur des Menschengeistes überhaupt und ohne alle prophetische Vermittelung zu erkennen. In gleicher Weise verkünden gewisse Traumgesichte den göttlichen Willen auch Nichtpropheten, wie dem Pharao das zukünftige Schicksal seines Landes, dem Abimelech das Verhalten gegen Sarah und dem Laban das Verhalten gegen Jacob. Dafür zeugen auch die Orakel bei den alten Völkern, wie überhaupt die hie und da zum Bewußtsein kommende Wahrnehmung verborgener Dinge im Traume, eine Thatsache, deren Beweiskraft keineswegs dadurch geschwächt wird, daß Träume in der Regel nur Schäume sind. Beim Propheten sind diese natürlichen Anlagen aber bis zu dem Grade ausgebildet, daß das, was er von den göttlichen Dingen wachend oder träumend wahrnimmt, der weit überwiegenden Anzahl von Menschen in Verborgenheit ruht und zugleich sein ganzes Wesen mit frommer Begeisterung und dem unwiderstehlichen Drange erfüllt, das Geschaute und Vernommene Andern zu verkünden.

Anm. Der Talmud sucht freilich die oben genannten Gebote, deren Uebertretung auch bei Nichtisraeliten bestraft worden, in eine Uroffenbarung an Adam hineinzulesen (Sanhedrin 56 b), allein die desfallsige Exegese bedarf keiner Widerlegung, und Nachmanides zu Lev. 18, S. 99 erklärt gleichfalls, daß derartige Verbote vor der Sinaioffenbarung nirgends zu finden sind.

9. Im Traume offenbart Gott ausschließlich Befehle oder Schicksalsfügungen, niemals aber religiöse Wahrheiten,

Von der göttlichen Offenbarung.** 13

die nur im wachen Zustande und bei vollster Geistesklarheit empfangen werden können.

Anm. Die Lehre vom Wesen und den Eigenschaften Gottes wird ohne alle Beimischung von Traumgesichten ertheilt (Exod. 20, 1. 5. 6. 34, 6. 7). Die Offenbarung in einem Gesichte an Abraham in Genes. 15, 7 will, wie das Vorausgegangene beweist, nur die einstige Erbschaft Kanaans verkünden. Die Worte: „Ich bin Gott, der dich aus Ur-Casdim geführt", sind keineswegs der Gegenstand der Offenbarung, sondern nur der Zusatz: „um dir das Land zum Erbe zu geben." Die Erkenntniß des Einen Gottes wird bei Abraham stets vorausgesetzt und auch von den Rabbinen als Ergebniß der natürlichen Geisteserleuchtung dargestellt. (Vergl. Maim. Akum 1, 3.)

10. Offenbarungen im Traumgesichte lassen zuweilen im Schauenden selbst Zweifel an ihrem göttlichen Charakter aufkommen, in deren Folge er ein Z e i ch e n von Gott erfleht, das bald in einem weitern, auffallendern und überzeugendern Traumgesichte besteht (Genes. 15, 8-14), bald in der Zusicherung, daß gewisse bezügliche Lieblingspläne innerhalb einer bestimmten Zeit gelingen werden (Exod. 3, 12), bald in Gewährung eines ausgesprochenen Wunsches (Richter 6, 17-18.)

11. Die Erscheinungen Gottes in Gestalt eines Engels, eines Menschen oder verzehrenden Feuers, wie auf einem wunderbar gestalteten Throne, gehören, wie schon ihre Verschiedenartigkeit beweist, in das Gebiet der visionären Offenbarungen und sind nur in der Einbildungskraft des Schauenden vorhanden (Genes. 16, 10. 18, 2. 31, 11. 13. Exod. 3, 2. 6. 24, 10. 17. Jes. 6, 2-5. Jecheskel 1, 4. Dan. 6, 9).

Anm. Vergl. Maim. Moreh II. 43 und Jesode Hatthorah 1, 9. Die e r s t e Offenbarung, die Moses am Dornbusche geworden, war a u s n a h m s w e i s e eine visionäre, wie die der übrigen Propheten (S. Ikkarim III. 8).

III.

Von den Eigenschaften und dem Berufe der Propheten.

————

12. Der prophetische Beruf erfordert 1) einen hohen Geist, das Göttliche zu erfassen, 2) eine schwungreiche Einbildungskraft, das Geistigerfaßte entweder im Bilde zu schauen oder in lebendiger, ergreisfender Rede zu verkünden, so wie 3) ausgezeichnete Frömmigkeit, die das Sinnen und Thun des g a n z e n Menschen auf das Göttliche lenkt. (Maim. Moreh II. 36 u. Jesode Hatthorah 7, 1.)

Anm. ראה (Seher) wird der Prophet insofern genannt, als er den Blick in die Ferne richtet (1 Sam. 9, 9) und äußere Vorgänge wahrnimmt; חזה (Visionär) — inwiefern sich das Geoffenbarte in seinem Innern zum Bilde gestaltet (2 Chronik 29, 29); נביא (Redner — als begeisterter Verkünder des göttlichen Wortes (Deut. 18, 18); איש אלהים (Gottesmann) — vermöge seines Lebens und Wirkens für und in Gott. Wo die letzte Eigenschaft fehlt und der Schauende im Zustande der Verzückung das verkündet, was seiner sonstigen Geistes- und Gemüthsrichtung widerspricht, oder auch Lügnerisches und Falsches ausspricht, wird er קסם (Wahrsager) genannt (Deut. 18, 14. Josua 13, 22).

13. Nicht Wahrsagerei, Vorausverkündigung zukünftiger Dinge ist der eigentliche Beruf des Propheten, sondern religiöse Belehrung und Ermahnung, Lenkung der Menschen auf den Pfad Gottes, und lediglich zu diesem Zwecke richtet er den Blick zuweilen auch auf zukünftige Ereignisse und erscheint dann als צפה (Jech. 3, 17), als Wächter auf dem Thurme, dem Volke das heranziehende Heil oder Unheil verkündend (vergl. Jkkarim III. 12).

Verliert der Prophet diesen Endzweck aus dem Auge und gebraucht seine Visionen blos zur Uebung der Wahrsagekunst, so wird er verächtlich ein Wahrsager und Träumer (קסם,חלם חלום) genannt. Sollen vollends diese Visionen gar dazu dienen, zum Abfall von der göttlichen Wahrheit zu verleiten, so wird er mit dem Tode bestraft (Deut. 13, 2-6).

14. Der größte aller Propheten war Moses. Ihm wurden die göttlichen Offenbarungen nicht durch Traumgesichte oder räthselhafte Sprüche, sondern unmittelbar, bei der vollsten Lebendigkeit des Geistes und in fleckenloser Klarheit. So heißt es (Num. 12, 6-8): „Ist unter Eueres Gleichen ein Prophet Gottes, so gebe ich im Gesichte mich ihm zu erkennen, rede mit ihm im Traume. Nicht so mein Knecht Moscheh; in meinem ganzen Hause ist er vertraut, von Mund zu Mund rede ich mit ihm — in Anschauung und nicht in Räthseln.“ Den übrigen Propheten — das ist der Sinn dieser Worte — gibt Gott seinen Willen zunächst in einem Bilde kund, dessen Sinn erst gesucht werden muß, oder in räthselhaften Sprüchen, die bald so, bald so gedeutet werden können, wie z. B. die nächtliche Offenbarung an Jakob: „Ich werde mit dir nach Mizraim hinabziehen, und ich will dich wieder herauf= führen, und Joseph wird seine Hand auf deine Augen legen“ (Gen. 46, 3), wobei es zweifelhaft bleibt, ob Jakob einst seinen Wohnsitz wieder nach Canaan verlegen und Joseph mit ihm ziehen, oder ob sein Leich= nam von Mizraim nach Canaan gebracht werden wird, oder endlich ob seine Nachkommen vom Lande der Väter Besitz nehmen werden; sie empfangen das göttliche Wort entweder in dunkler Rede, oder blos durch Figuren, die der Erklärung bedürfen. Solche Offenbarungen werden zunächst von der Einbildungskraft empfangen und gelangen erst von hier aus zum Geiste. Moses dagegen vernahm Gottes Wort in so klarer Rede, daß dessen Inhalt sofort lebendig im Bilde vor seinen

Augen stand (vergl. Num. 8, 4); seine Offenbarungen wurden auf der
lichten Höhe des Geistes empfangen und nahmen erst von hier aus den
Weg, ergreifend, zündend und gestaltend, in das Gebiet der Sinnlichkeit
(vergl. Raschi u. Jbn Esra zur Stelle, u. Jebamoth 49 b.).

15. Ein weiterer Vorzug der Prophetengabe Mosis bestand in seiner
fortwährenden Bereitschaft und Fähigkeit, Gottes Ruf zu vernehmen.
Die andern Propheten wurden nur zu gewissen Zeiten und in gewissen
Lagen vom Geiste Gottes ergriffen und nahmen zuweilen zu künstlichen
Mitteln, wie zur Musik, ihre Zuflucht, um die prophetische Begeisterung
zu erwecken, indem die Schwungkraft der Phantasie, die einen hervorragenden Antheil an ihren Offenbarungen hat, von den wechselnden Ge-
müthsstimmungen, äußern Eindrücken und Zuständen abhängt, über die
der Mensch nicht immer gebieten kann; sie durften gleichsam den göttlichen Palast nicht eher betreten, als bis sie gerufen wurden; Gott rief,
und sie sprachen: Hier bin ich! Moses dagegen durfte als Vertrauter
zu jeder Zeit in diesem Palaste erscheinen; er rief Gott, und Gott sprach
immer: Hier bin ich! (Num. 7, 89. 9, 8. Vergl. Maim. Jesode
Hatthorah 7, 6.)

16. Gleichwohl bedurfte auch Moses zur vollen prophetischen Erweckung eines äußeren Anregungsmittels, das ihm stets zur Verfügung
stand; er vernahm Gottes Stimme, wie früher auf
isolirender Bergeshöhe, jetzt nur aus den Cherubim
über der Sühnplatte im Allerheiligsten (Exod. 25, 22.
Num. 7, 89). Hier im verborgensten Gemache des Heiligthums, das
mit Ausnahme des Hohenpriesters am Versöhnungstage außer ihm keines
Menschen Fuß betreten durfte, in der erhebenden Gegenwart des kostbarsten Schatzes Israels und der darüber schützend ausgebreiteten Che-
rubimschwingen — hier war die Stätte, an welcher der Geist des großen
Propheten, von der Außenwelt völlig abgezogen, immer von Neuem all'
seine Strahlen wie in einem Brennpunkte im Gedanken an Gott sam-

melte, immer von Neuem in vollen Zügen trank aus dem unerschöpf=
lichen Borne der göttlichen Weisheit, immer von Neuem mit dem großen
Einen redete, dessen Stimme vernommen wird im Rauschen des
Windes, in wildwogenden Gewässern, im leisen Wehen nach furchtbaren
Stürmen, am Unverkennbarsten aber — im Rauschen und Wogen des
Menschengeistes.

17. Ueber die Art, wie Moses seine Offenbarungen empfing, be=
richtet die Schrift Folgendes: „Wenn Moses in das Stiftgezelt kam,
daß mit ihm geredet werde, so vernahm er die Stimme, sobald sie anfing,
mit ihm zu reden, von der Sühnplatte herab, die über der Lade des
Zeugnisses, zwischen den Cherubim hervor, und redete sie (die Stimme)
zu ihm" (Num. 7, 89). Zwei Thatsachen werden hier mitgetheilt:
daß nämlich Moses die Stimme hörte, so bald sie mit ihm zu reden
anfing (מִדַּבֵּר vergl. Ibn Esra), ihm somit kein Laut derselben durch
etwaige Beklemmung oder noch unvollendete Vorbereitung verloren ging,
sowie daß die Stimme, so oft er kam, sie zu hören, in der That zu ihm
redete und niemals ausblieb. Welcher Art war aber diese Stimme?
Ein dem leiblichen Ohre vernehmbarer Schall kann der Person Gottes,
des Allgeistes, eben so wenig als eine Gestalt zukommen. Viele glauben
daher, die „Stimme" sei eine besondere Creatur gewesen, die von Gott
zum Behufe der Offenbarung an Moses erschaffen worden. Mit
Recht wird aber dagegen eingewendet, wie dann dieselbe Stimme auf
Sinai rufen konnte: „Ich bin der Ewige, dein Gott, der dich aus dem
Lande Mizraim, aus dem Sklavenhause geführt"? Ohnehin wider=
spricht diese Annahme auch der Unmittelbarkeit der Offenba=
rung an Moses, vermöge welcher Gott „von Mund zu Mund" zu ihm
geredet. Andere glauben, die Stimme sei keine wirkliche, sondern blos
eine visionäre, wie die von Samuel vernommene, gewesen (1 Sam. 3,
3–6), so daß sie sonst von Niemandem als von Moses gehört werden

2

konnte. Dies steht aber gleichfalls im Widerspruche mit dem hohen
Charakter der mosaischen Offenbarung, wornach dieselbe unmittelbar im
Geiste, nicht aber in der Einbildungskraft empfangen worden. Es ist
sonach klar, daß die Erzählung von dem Reden der Stimme zu Moses,
gleich so vielen andern Ausdrücken der Schrift, die von Gott im mensch=
lichen Sinne reden, eine erhabene sinnbildliche Darstellung ist, die in
wenigen meisterhaften Zügen alle Vorzüge der mosaischen Propheten=
gabe bezeichnet: zuerst die Unmittelbarkeit, die Entfernung
aller Visionen. Während Gott zu den andern Propheten durch flüch=
tige Traumgebilde redete, vernahm er Gottes Stimme im Geiste durch
die Gestalt des Cherubimpaares, das ihm unstreitig die höchsten
Ideen der Gotteslehre vergegenwärtigte. Nicht aus dunklen, fremd=
artigen und geheimnißvollen Gebilden mußte er erst mühsam Gottes
Wort entziffern — nein! diese geflügelten Wesen, die der in ihm wal=
tende Gottesgeist geboren und in welchen ihm das auf Sinai vernom=
mene Gotteswort erst zum Bilde geworden — sie waren der leuchtende
Spiegel der göttlichen Wahrheit für Moses, und so oft er in diesen
Spiegel schaute, ergriff ihn die prophetische Begeisterung, daß der Faden
der Offenbarungen sich immer weiter spann und die Pforten der gött=
lichen Weisheit sich immer weiter vor ihm aufthaten. Dann die Klar=
heit. Sobald das Göttliche an ihn herantrat, erfaßte er es, ohne
Zögern und Säumen, ohne Angst und Bangigkeit, mit der ganzen
Kraft seines Geistes, so daß ihm kein einziger Zug desselben entging,
kein einziger Laut der Gottesstimme ungehört entschwand. Endlich die
Ununterbrochenheit. So oft Moses die Gottesstimme hören
wollte, vernahm er sie im Stiftgezelte.

Die sinnbildliche Bedeutung der Stimme spricht sich dunkel schon in
den Worten aus: die Stimme Gottes, die auf Sinai gehört worden,
sei ohne Echo (בת קול) gewesen, in siebzig Sprachen vernommen und
von den Hörenden nach Maßgabe ihres Fassungsvermögens verstanden

worden. Vergl. Midrasch Rabbah zu Exod. § 5. 28. Jalkut zu Jerem. § 306. Ibn Esra u. Abarbanel zu Num. 7, 89. Eschkol Hakkofer § 27. 48. 49. Moreh II. 33. 36. 44. I. 21. Bechai zu Lev. 1. Am Ent= schiedensten aber tritt diese sinnbildliche Auffassung in der folgenden, von Raschi zu Lev. 1, 1 angeführten Stelle in Thorath Cohnim hervor:* „Gott sprach zu Moses aus dem Stiftgezelte. Aus diesen Schrift= worten geht hervor, daß die Stimme Gottes nicht über das Stiftgezelt hinausreichte, nicht etwa, weil sie zu leise ertönte — es war vielmehr dieselbe Stimme, von der es in den Psalmen heißt: Gottes Stimme in Kraft, Gottes Stimme in Majestät, Gottes Stimme zerbricht Zedern! — sondern weil sie plötzlich unterbrochen wurde, sobald sie über das Stiftgezelt hinausdringen sollte!"*

Also dieselbe Gottesstimme, die nach dem Psalmisten in der sichtbaren Welt durch den wilden Aufruhr der Elemente mit so hoher Kraft und Majestät spricht, sprach im Stiftgezelte mit gleicher Erhabenheit in der unsichtbaren Welt des Geistes zu Moses, und wie demnach dort die Stimme der Natur selbst angehört und Gott nur in dem Sinne beige= gelegt wird, daß sie von Ihm der Natur verliehen worden und von seiner Macht und Herrlichkeit zeugt, so auch die Stimme im Geiste Mosis. Auch diese erschallte mit Riesenkraft, obgleich sie von den außerhalb des Heiligthums Stehenden nicht vernommen wurde.

---

* מאהל מועד מלדר שהי' הקול נפסק ולא היה חוץ לאהל יכול מפני שהקל נמוך ת"ל את הקול מהו הקול המפורש בתהלים קול י' בכח קול י' בהדר קול י' שובר ארזים א"כ למה נאמר מאהל מועד מלמד שהיה נפסק.

IV.

Von der Uroffenbarung.

18. Schon vor Abraham wurden der Menschenwelt folgende Wahrheiten und Gesetze von Gott geoffenbart:

1. das Dasein eines göttlichen Wesens;

2. die Willensfreiheit und Gottähnlichkeit des Menschen; Genes. 4, 7. und 9, 6;

3. kein Menschenblut zu vergießen; Genes. 4, 10. 11. und 9, 6;

4. kein fremdes Eigenthum anzutasten; Genes. 6, 11. und 14, 21;

5. Ehebruch und Blutschande zu meiden; Genes. 12, 17. 20, 12. Lev. 18, 27–29.

6. die Eltern nicht geringschätzig zu behandeln; Gen. 9, 22–26;

7. das Blut der Thiere nicht zu genießen; Gen. 9, 4:

8. Gott anzubeten; Gen. 4, 26;

9. Gerechtigkeit zu üben; Genes. 9, 6;

10. den Eid heilig zu halten; Genes. 21, 23; und

11. nur reine Thiere zu opfern; Gen. 8, 20.

Anm. Schon die ersten Menschen glaubten an ein göttliches Wesen; nur war dieser Glaube stark mit heidnischen Vorstellungen vermischt, und erst im Zeitalter des Enosch nahmen reinere Begriffe von Gott ihren Anfang. — Der Talmud will ohne genügende Begründung das Gebiet der noachidischen Pflichten einerseits erweitert, andererseits verkürzt wissen. Ist nach seiner Meinung (Kiduschin 31 a) das Ehren der Eltern den Noachiden nicht geboten, so liegt hierin nur insofern eine Wahrheit, als bei Cham blos das Wohlgefallen an der Schande des Vaters strafbar erscheint, das Gebot in p o s i t i v e r Weise dagegen erst in den zehn Sprüchen hervortritt. Richtig jedoch lassen die Rabbinen das Verbot der Blutschande für die Noachiden bloß in beschränktem Maße stattfinden (vergl. Maim. Melachim 9, 5), wie schon das Beispiel Abrahams (Genes. 20, 12), dessen Frau keineswegs — wie Manche meinen, seine Bruderstochter gewesen, und auch Jacob's Ehelichung zweier Schwestern schlagend beweist.

19. Nach herkömmlichem Sprachgebrauche werden sämmtliche nicht-israelitische Stämme Söhne Noah's (Noachiden) genannt zur Unterscheidung von den Nachkommen Jacob's, obgleich auch diese von Schem, einem Sohne Noah's, abstammen.

20. Wenn den Noachiden blos gewisse religiöse Wahrheiten und Pflichten zuerkannt werden, so ist dies nicht in dem Sinne zu nehmen, daß sie in aller Ewigkeit das Ohr gegen alle andern religiösen Wahrheiten verschließen dürften und von allen anderen Pflichten entbunden blieben, sondern nur in dem Sinne, daß die Menschen im Zeitalter Noah's noch keine weiteren religiösen Wahrheiten und Pflichten als solche e r k a n n t e n. Diese Beschränkung des religiösen Erkenntniß- und Pflichtenkreises sollte aber allmählig auch für die Noachiden schwinden, wenn auch allerdings gewisse ceremonielle Gebote Israel allein zufallen, indem sie sich ausschließlich auf den Beruf und die Geschichte unseres Stammes beziehen.

21. Die Erzväter bilden die Mittelglieder zwischen der noachidischen und israelitischen Menschheit; sie stehen an Erkenntniß des göttlichen Wesens und Willens hoch über Noah und tief unter Moses; sie werden daher einerseits noch zu den Söhnen Noah's gezählt, andererseits auch als die g e i s t i g e n Gründer des Bundesvolkes betrachtet.

22. Abraham war der Erste, der Einen Oberherrn des Himmels und der Erde und zwar als e w i g, a l l m ä c h t i g, g e r e c h t und w a h r h a f t erkannte. Damit erscheint aber die Vorstellung von Gott noch lange nicht in jener Reinheit und Erhabenheit, wie in der Sinai-lehre. Gen. 14, 22. 17, 1. 18, 25. 9, 6. 21, 33. Exod. 6, 3.

23. Auch neue religiöse Verpflichtungen kommen im Leben der Erzväter zum Vorschein, und zwar folgende:

1. keinen Götzendienst zu treiben (Genes. 35, 2);
2. Gott kein Menschenblut zu opfern (Genes. 22, 12);

3. den zehenten Theil der Habe für heilige Endzwecke zu verwenden (Genes. 14, 20. 28, 22);

4. dem Mitmenschen in der Noth beizustehen (Gen. 14, 14-17. 18, 4. 5);

5. Vater und Mutter zu ehren, ein Gebot, das hier in weit höherer Entwickelung, als im Zeitalter Noah's auftritt, wie das Gewicht des väterlichen Segens bei den Söhnen Jizchak's beweist und Esav's Bestreben, eine seinem Vater wohlgefällige Ehe zu schließen (Genes. 28, 8. 9).

6. Andere auf den Pfad Gottes zu leiten (Genes. 12, 2. 18, 19).

7. Ein Zeichen am Fleische zu tragen — Beschneidung — (Genes. 17, 10).

24. Durch dieses äußere Abzeichen sollten die Nachkommen Abraham's gegenüber den Noachiden zu einem besonderen heiligen Bunde sich zusammenschließen, dessen Endzweck in der Wahrung und Ausbreitung ihrer fortgeschrittenen Erkenntniß des göttlichen Wesens und Willens besteht, weshalb dieses Zeichen ein Zeichen des Bundes zwischen Gott und Abraham, wie dessen Nachkommen genannt wird (Genes. 17, 7).

25. Gerade die Wahl dieses Zeichens war am geeignetsten, den Uebergang von der noachidischen Menschheit zur israelitischen zu vermitteln. Die Heiden glaubten, durch Opferung des Menschenlebens, das im Blute wohnt, das höchste göttliche Wohlgefallen zu erzielen. Hier findet dagegen eine Blutweihe statt, die ohne Gefährdung des Lebens die Bereitwilligkeit ausdrückt, im Dienste Gottes selbst das Kostbarste zu opfern. Zugleich mußte der Umstand, daß die weiblichen Bundesglieder kein Bundeszeichen tragen, zur nichtzuverkennenden Warnung vor Verwechslung des Bundes mit dem Bundeszeichen dienen (Genes. 17, 11).

26. Nicht vor acht Tagen nach der Geburt sollte das Bundeszeichen getragen werden, weil hierbei ein Blutopfer stattfindet und jedes Opfer eines Alters von wenigstens acht Tagen bedurfte, um für seine Bestimmung reif zu werden (Lev. 22, 27). Auch soll damit nicht bis zur Selbstweihe nach erlangtem Selbstbewußtsein zugewartet werden, weil eben schon der Vater sein Kind Gott zu weihen berufen ist, und um ferner darauf hinzuweisen, daß die Gliedschaft am Bunde nicht von dem freiwilligen Eintritte in denselben abhängt, sondern ausschließlich durch die Abstammung von Abraham bedingt ist.

27. Gehört somit jeder Sprößling Abraham's unbedingt zum Bunde, so ist damit keineswegs dem nicht von Abraham Abstammenden der Eintritt in den Bund verschlossen, wie denn der Gekaufte von fremdem Stamme als Eigenthum eines Bundesgliedes selbst zum Bundesgliede wurde und daher beschnitten werden sollte (Genes. 17, 12), und auch der freie Nichtisraelite durch freiwillige Aneignung des Bundeszeichens in den Bund aufgenommen und selbst zum Pesach- oder Bundesmahl zugelassen wurde (Exod. 12, 48).

28. So zeigt Israel's Religion gleich in ihren Anfängen auch durch eine gesetzliche Bestimmung, daß sie ihre Segnungen nicht blos auf einen einzelnen Stamm beschränken, sondern durch diesen Stamm auch nach außen hin verbreiten will. Zu eben diesem Zwecke sollte Abraham ein Wanderleben führen und überall, wohin er kam, die wahre Gotteslehre verkünden.

Und Gott sprach zu Abram: Geh' aus deinem Lande und deiner Heimath und deinem Vaterhause ..... und ich werde dich machen zu einem großen Volke ... und es sollen durch dich gesegnet werden alle Familien der Erde (Genes. 12, 1–3).

Anm. Sinnig heißt es im Midrasch, Abraham gliche einer Balsambüchse, die, wenn sie Wohlgerüche verbreiten soll, nicht verschlossen in einer Ecke stehen dürfe, sondern geöffnet und bewegt werden müsse.

29. Indem sich Abraham der Erfüllung dieser hohen Aufgabe unterzog, wurde ihm von Gott die Vaterschaft einer großen Volksmenge und für diese der Besitz Canaans verheißen. Und mit dem Vollzuge dieser Verheißung wurde der Bund eben so von göttlicher Seite besiegelt, wie von Seiten der Auserwählten durch das Zeichen am Fleische, zumal diese unter schwerem Drucke und bittern Leiden zum mächtigen Volke heranwuchsen und in der tiefsten Noth wunderbare Erlösung fanden (Genes. 17, 4–8. 15, 13. 14).

30. Das ächte Vorbild dieser, aus schwerem Leibe sich emporringenden Nation ist Jacob, der siegreiche Kämpfer gegen die Macht des Schicksals und der Menschen, welcher deshalb den Namen Israel erhielt und ihn auf all' seine Nachkommen übertrug.

Du sollst nicht mehr Jacob heißen, sondern Israel; denn du hast gerungen mit göttlichen Wesen und mit Menschen, und obgesiegt. Genes. 32, 29.

V.
Von Gottes Offenbarungen durch Moses.

31. Wir treten nun vom Vorhofe in's Heiligthum selber. Die Bundesfamilie wird zum Bundesvolke. Gott hat seine Verheißung erfüllt. Er trug Israel auf Adlerschwingen aus der Nacht des Sklavendruckes zur Sonnenhöhe der Freiheit und Selbstständigkeit, um die Erlösten sich zu weihen und zum Gottesvolke zu erheben. Von nun an treten durch Moses göttliche Offenbarungen hervor, die alle früheren an Herrlichkeit weit überragen.

A. Einleitende Offenbarungen.

32. Die erste erhabene Offenbarung an Moses ist der Gottesname אהיה (Erod. 3, 14), d. h. ich bin der Seiende, gleichbedeutend mit יהוה. Gott ist demnach ein Wesen, das nicht blos — was früher schon erkannt wurde — die Obermacht besitzt über das Weltall, sondern außer welchem überhaupt gar keine Macht vorhanden ist im Himmel und auf Erden, in welchem alle Wesen erst wurzeln und von welchem alle Wesen erst leben. Er ist nicht nur der oberste Gott, sondern allein Gott oben im Himmel und unten auf Erden, und außer ihm keiner (Deut. 4, 39), Urgrund und Schöpfer aller Dinge. Das Neue dieser Offenbarung ist keineswegs die schon von den Erzvätern erkannte Ewigkeit Gottes, sondern das ausschließliche Vorhandensein aller andern Kräfte in und durch Gott.

Anm. Der Schwerpunkt des mosaischen Gottesbegriffes ist in den Worten ausgesprochen: ה' אחד „Gott ist der Eine", womit aller Vielgötterei, allen Vorstellungen von einem guten und bösen Principe und selbst von Untergöttern der Grund und Boden genommen wird. Die eigentliche Bedeutung des Ausdruckes אני יהוה lautet: ich bin das Wesen, d. h. das Urwesen.

33. Die zweite hochwichtige Offenbarung an Moses lautet: „Israel ist mein erstgeborener Sohn" (Erod. 4, 22). Gott ist sonach der Vater aller Menschen und Israel vor allen andern Völkern zu seinem Dienste berufen. Er ist nicht blos Richter, sondern auch voll Liebe und Barmherzigkeit gegen die in seinem Ebenbilde geschaffenen Wesen, wie ein Vater gegen seine Kinder, und selbst seine strafende Gerechtigkeit ist mit Langmuth verbunden und eine väterliche Züchtigung. So ist hier schon die hohe Bestimmung Israels angedeutet, ein Reich von Priestern zu bilden, und zugleich dem Irrthume vorgebeugt, als ob Gott durch Israels Erwählung anderen Völkern seine Liebe und Obhut entziehen wollte.

3

34. Gegenstand der dritten Offenbarung ist das Essen des Pesach=lammes und das damit verbundene Pesachfest. Mit diesem Gastmahle beim Auszuge aus Mizraim sollte der nunmehr besiegelte Gottesbund, die **Geburt Israels als eines Gottesvolkes** gefeiert werden. Bei solcher erhabenen Feier konnte unmöglich ein ihr entspre=chendes Opfer fehlen, und so wurden mit dem Blute des Lammes die beiden Pfosten und die Oberschwelle der israelitischen Häuser bestrichen, damit das Blut ein gottgeweihtes Bundesblut und zugleich die Häuser des Gottesvolkes zu Gottes=Altären erhoben, weshalb vom Pesachmable, wie nach späterer Verordnung vom göttlichen Altare (Lev. 2, 11) ge=säuertes Brod ferne gehalten werden mußte. Selbstverständlich soll die Nation im Interesse ihrer hohen Bestimmung auf ihren Lebensanfang immer von Neuem zurückblicken, und so knüpft sich an diese Verordnung von selbst das Gebot der Pesachfeier für folgende Zeiten. Das auf die Erlösung aus Mizraim sich beziehende Pesach trägt deshalb den Namen „Ueberschreitung", weil erst die Tödtung der Erstgeborenen der Aegypter in Verbindung mit der Verschonung der israelitischen Erstgeborenen die Erlösung bewirkte, indem ohne diese Verschonung die Dränger in der letzten Plage kein göttliches Strafgericht wegen der Grausamkeit gegen Israel hätten erblicken können.

35. Die vierte Offenbarung hat die Weihe der männlichen Erstge=geborenen von Menschen und Thieren zum Gegenstande, welche darauf beruht, daß Gott dieselben in der Erlösungsnacht in den egyptischen Häusern getödtet, für die Israeliten dagegen verschont (Exod. 13, 15).

Anm. Daß dieses Gesetz später auch auf Erstlingsfrüchte ausgedehnt wurde (Exod. 23, 19), steht mit der genannten Begründung keineswegs im Wider=spruch. Beide Gesetze haben vielmehr denselben Grundgedanken, nämlich die Erlösung aus Aegypten, nur in verschiedenen Beziehungen. Die Weihe der Erstlingsfrüchte soll den Weihenden nach Deut. 26, 8. 9. an das nächste Ziel der Erlösung erinnern, an die göttliche Gnade, welche Israel nach schwerem Drucke ein so herrliches Land verliehen, während die Weihe der Erstlinge von

Menschen und Thieren an die nächste Veranlassung der Erlösung erinnert, an die Tödtung der Erstgeborenen bei den Drängern und die Errettung derselben bei den Geknechteten.

36. Die fünfte Offenbarung befiehlt die Sabbathweihe durch Unterlassung einer jeden Thätigkeit für die Erwerbung zeitlicher Güter.

Sechs Tage sollt ihr es (das Manna) sammeln; am siebenten
Tage ist Ruhetag, an dem wird nichts da sein. Exod. 16, 26.

Anm. Diese erhabene Einrichtung mit ihren durchgreifenden Folgen mußte so
früh als nur möglich in's Leben treten. Doch bleibt ihre Begründung und
und weitere Ausführung gerade wegen ihrer Wichtigkeit dem feierlichsten
Offenbarungsacte vorbehalten. Bezeichnend ist es, daß der göttliche Ursprung
des Sabbath besonders hervorgehoben und durch ein Wunder beglaubigt
wird.

B. Sinaioffenbarung.

Die wichtigste Offenbarung war die auf Sinai. Hier wurde Israel
in der feierlichsten Weise von Gott als Bundesvolk mit den Worten
proclamirt: „Ihr sollt mir sein ein Priesterreich und ein heiliges Volk,"
somit sein hoher Beruf zur Beglückung und Erleuchtung der gesammten
Menschenwelt klar und bestimmt ausgesprochen und dann in zehn
Sprüchen die Constitution verkündet, welche die Grundlage der Welt-
gesittung geworden. Diese zehn Sprüche sind der Mittelpunkt aller
früheren und späteren Offenbarungen, die Tragpfeiler der ganzen moralischen Weltordnung; sie lauten:

I.

Ich, der Ewige, bin dein Gott, der ich dich herausgeführt aus dem
Lande Mizraim, aus dem Sklavenhause.

II.

Du sollst keine andern Götter haben vor meinem Angesichte. Du
sollst dir kein Bildniß, noch irgend ein Gleichniß machen von dem, was
da ist am Himmel oben oder auf der Erde unten oder im Wasser unter-

halb der Erde. Du sollst dich nicht vor ihnen beugen und ihnen nicht dienen; denn ich der Ewige, dein Gott, bin ein eifervoller Gott, der da heimsucht die Schuld der Väter an den Kindern, bis in das dritte und vierte Geschlecht derer, die mich hassen, der aber Gnade erweist bis in's tausendste Geschlecht derer, die mich lieben und meine Gebote bewahren.

III.

Du sollst nicht nennen den Namen des Ewigen, deines Gottes, zum Falschen; denn nicht ungestraft läßt der Ewige den, der seinen Namen zum Falschen nennt.

IV.

Gedenke des Sabbathtages, ihn zu heiligen; sechs Tage sollst du arbeiten und all' dein Werk verrichten, aber der siebente Tag ist ein Sabbath dem Ewigen, deinem Gotte. Da sollst du keinerlei Werk verrichten, du und dein Sohn und deine Tochter, dein Knecht und deine Magd und dein Vieh und dein Fremdling, der in deinen Thoren; denn in sechs Tagen erschuf der Ewige den Himmel und die Erde, das Meer und Alles, was darinnen, und ruhte am siebenten Tage. Darum segnete der Ewige den Sabbathtag und heiligte ihn.

V.

Ehre deinen Vater und deine Mutter, auf daß du lange lebest im Lande, das der Ewige, dein Gott, dir gibt.

VI.

Du sollst nicht morden.

VII.

Du sollst nicht ehebrechen.

VIII.

Du sollst nicht stehlen.

IX.

Du sollst nicht aussagen wider deinen Nächsten als falscher Zeuge.

X.

Du sollst nicht gelüsten nach dem Hause deines Nächsten, du sollst nicht gelüsten nach dem Weibe deines Nächsten, noch nach seinem Knechte und seiner Magd und seinem Ochsen und seinem Esel und Allem, was deines Nächsten ist.

VI.
Quellen der Offenbarung.

---

38. Der Vermittler der göttlichen Offenbarung ist immer nur der Menschengeist — theils durch Visionen, theils im wachen Zustande. Die Quellen aber, woraus die Offenbarungen geschöpft werden, sind:

1. die sichtbare Natur,
2. der Menschengeist selber, und
3. die Geschichte der Menschen.

39. Aus der sichtbaren Welt erkannten die Menschen zuerst das Dasein Gottes. Aus dem wechselnden Erscheinen der Himmelskörper nach einer unverrückbaren Ordnung erkannte Abraham den unsichtbaren Schöpfer. Im harmonischen Zusammenwirken der Naturkräfte gibt sich Gottes unendliche Macht und Weisheit kund. Auf der Erkenntniß natürlicher Thatsachen beruhen die Gebote in Betreff der Blutschande. Aus dem Menschengeiste selbst ist die Erkenntniß der menschlichen Willensfreiheit und Gottähnlichkeit, wie das Verbot des Mordes und Raubes u. s. w. geschöpft. In der Geschichte offenbart sich Gott in seiner Liebe, Gerechtigkeit und Heiligkeit.

Erhebet euere Augen zum Himmel und sehet — wer schuf diese? Er, der ihre Heere nach der Zahl herausführt, sie Alle mit Namen

nennt. Jes. 40, 26. Alles hat Er (Gott) wohlgemacht; auch die
Ewigkeit legte er in ihr Herz. Koheleth 3, 11. Ich, der Ewige, dein
Gott, bin ein eifervoller Gott, der heimsucht die Schuld der Väter
bis in's dritte und vierte Geschlecht derer, die mich hassen, der aber
Gnade erweist bis in's tausendste Geschlecht derer, die mich lieben und
meine Gebote bewahren, Exod. 20, 5.

Anm. Das sich sonst nirgends vorfindende Gebot, nicht nach Aegypten zurück-
zukehren, das Moses nach Deut. 17, 16. voraussetzt, beruht offenbar auf der
geschichtlichen Thatsache der Erlösung.

Die Bibel.

40. Das Buch, in welchem die göttlichen Offenbarungen haupt-
sächlich niedergelegt sind und woraus viele Millionen von Menschen
seit Jahrtausenden Heil, Licht und Leben schöpfen, wird Bibel (das
Buch) genannt. Dasselbe zerfällt 1. in Thorah, welche die fünf
Bücher Mosis: Genesis, Exodus, Leviticus, Numeri und Deuter-
onomium enthält; 2. in Nebiim, die a. die ersten Propheten: Josuah,
Richter, 2 Bücher Samuel's und 2 Bücher der Könige, und b die
späteren Propheten: Jesaiah, Jeremiah, Jecheskel, Hosea, Joel,
Amos, Obadiah, Jonah, Michah, Nachum, Habackuk, Zephaniah,
Haggai, Sechariah, Maleachi enthalten; 3. in Ketubim, umfas-
send: Psalmen, Ruth, Ijob, Sprüche Salomo's, Koheleth, Klage-
lieder, Esther, Daniel, Esra, Nechemiah und 2 Bücher der Chronik.

Anm. Das jüdische Alterthum erzeugte noch andere schriftliche Denkmäler von
hohem Werthe, die aber nicht als Bestandtheile der heiligen Schrift betrachtet
und Apokryphen genannt werden, d. h. unächte Schriften, die nicht von
gleichem Gottesgeiste, wie die Bibel ihn beurkundet, dictirt sind. Die Apokryphen enthalten: das Buch der Weisheit (oder die Weisheit Salomo's), die
Sprüche Josua, Sohnes Sirach, Baruch, Tobias, Judith, Zusätze zu Daniel,
Esra, die drei Bücher der Makkabäer.

41. Der gesetzliche Bestandtheil der heiligen Schrift zählt 1.
Sittengesetze, die aus den religiösen Wahrheiten unmittelbar

fließen, und 2. Formen, die als Erweckungs- und Erinnerungs-
mittel auf die religiösen Wahrheiten und Sittengesetze immer von
Neuem aufmerksam machen oder sonst zur Wahrung der höheren
Menschenwürde dienen sollen.

41. Mit der Bibel sind die göttlichen Offenbarungen insofern
abgeschlossen, als die von ihr verkündeten Wahrheitslehren und Sittengesetze ihrem Wesen nach unveränderlich bleiben und über allen Wechsel
der Zeiten und Räume erhaben sind. Dagegen können durch weitere
Offenbarungen, dem göttlichen Charakter der Bibel unbeschadet, die
Wahrheiten bestimmter und geklärter, die Sittengesetze strenger erscheinen, so wie die Religionsformen nach veränderten Bedürfnissen einer gänzlichen Umgestaltung anheimfallen; denn einerseits
haben seit dem Abschlusse der Bibel die Erkenntnisse, welche aus den
Offenbarungsquellen fließen, sich erweitert, andererseits sind gar viele
Gesetze von der Schrift selber nur für gewisse Zeiten und Verhältnisse
gegeben.

Anm. Beispiele: Unsterblichkeitslehre, Messiasgedanke, Vielweiberei, Sklaven-
thum, Schwagerehe, Opfercultus. — Auch die Sittengesetze können in gewissen Formen auftreten, die später andern Formen weichen müssen, worüber
weiter unten Erwähnung geschehen wird.

43. Eine solche Fortbildung der biblischen Lehren und Satzungen
hat in der That im Laufe der Jahrhunderte in sehr großem Umfange
stattgefunden und den Mosaismus in Judenthum verwandelt.
Diese Umgestaltungen nahmen ihren Anfang während des zweiten
Tempels, innerhalb desselben Zeitraumes, in welchem die von Esra begonnene Sammlung der heiligen Schriften ihren Abschluß fand; sie
erfuhren in ihrem Entstehen heftigen Widerspruch von Seiten derer,
die mehr auf den Buchstaben, als den Geist der Bibel hielten, be-
zwangen aber siegreich ihre Gegner und führten Israel's Religion
ruhmgekrönt und neue, glorreiche Institutionen erzeugend durch die

Stürme der Jahrtausende, weil sie eben im Großen und Ganzen, wenn auch nicht ohne vielfache Abirrungen, den tiefsittlichen und wahrhaft göttlichen Geist der Moseslehre vom starren Worte loslösten und zur höhern Entfaltung brachten.

44. Alles, was in solcher Weise spätere Offenbarungen und Verhältnisse aus dem Mosaismus hervorgerufen, wird herkömmlicher Weise zur Unterscheidung von der schriftlichen biblischen Lehre (תורה שבכתב) — unter dem Namen „mündliche Lehre" oder Tradition (תורה שבעל פה) zusammengefaßt und ist, insoweit diese Lehre damals sich entfaltet hatte, einige Jahrhunderte nach der Zerstörung des zweiten Tempels in Mischnah und Gemara (Talmud) niedergelegt worden.

45. Der im Talmud aufbewahrte Grundsatz: die Weisen seien im Interesse der Religion befugt, ein biblisches Gesetz außer Kraft zu erklären (Jebamoth 90 a u. b), zeigt zur Genüge, daß man erst später, als der lebendige und zeugungskräftige religiöse Aufschwung gewichen war, angefangen, den wahren Ursprung der mündlichen Lehre als einer Fortentwickelung der biblischen Lehre zu verkennen und einen großen Theil der Tradition bald in den biblischen Buchstaben hineinzuzwängen, bald auf eine fortgepflanzte mündliche Mittheilung von Moses zurückzuführen. Doch hob der Geist des Judenthums von Zeit zu Zeit, wenn auch oft erst nach langem Stillstande, immer wieder seine Schwingen, und so war mit dem Abschlusse des Talmuds die Triebkraft der mosaischen Religion keineswegs erschöpft, das Fortströmen der „mündlichen Lehre" wenigstens für die Dauer keineswegs gehemmt. Besonders das Mittelalter hat großartige Erzeugnisse jener Triebkraft aufzuweisen, und der religiöse Aufschwung der Gegenwart, der mit Mendelssohn begonnen, trifft vollends ernstliche Anstalten auch zu gesetzlichen Umgestaltungen im Cultus, wie im Leben, um das heilige Vatererbe zu erhalten und zur höhern Blüthe zu bringen.

VII.

A. Erkenntnißlehre.

Von Gott und dessen Eigenschaften.

46. Gott ist das Urwesen, von welchem Alles sein Dasein erhalten. Alles ist in Ihm, außer Ihm — Nichts. Er ist der Quell aller Kräfte und Erscheinungen der Natur, so verschieden und einander entgegengesetzt sie uns auch vorkommen. Gott ist nur Einer.

Dir ist gezeigt worden, zu erkennen, daß der Ewige Gott ist, außer ihm keiner. Deut. 4, 35. Der das Licht bildet und die Finsterniß erzeugt, der Frieden macht und das Uebel hervorruft — ich, der Ewige, thue dies Alles. Jes. 45, 7.

47. Gott ist unerschaffen, über alle Zeitgrenzen erhaben, indem seine Urwesenheit jede Kraft außer und vor Ihm ausschließt. Gott ist ewig.

Von Ewigkeit bis Ewigkeit bist du der Mächtige. Pf. 90, 1. Du bist, und deine Jahre enden nimmer. Pf. 102, 28.

48. Gott ist und wirkt in allen Dingen, da sie Alle durch Ihn allein leben und weben und sich erhalten. Gott ist allgegenwärtig.

Wohin soll ich gehen vor deinem Geiste, wohin soll ich fliehen vor deinem Angesichte? Erstieg' ich den Himmel — du bist dort, und ging' ich zur Unterwelt hinab — du bist da! Nähm' ich die Flügel der Morgenröthe, ließ' ich mich nieder an des Meeres Enden — auch dort führt mich deine Hand und leitet mich deine Rechte. Pf. 190, 7-10.

49. Nicht als eine blinde Kraft ist und wirkt Gott überall, sondern mit Selbstbewußtsein und Vernunft, als ein Wesen, das ein Ich ist und uns überall zuruft: Ich bin! Gott ist p e r s ö n l i ch.

Ich bin Er. Deut. 32, 39. Seine Vernunft ist unerforschlich. Jes. 40, 28.

A n m. Der heidnische Naturgott ist kein Ich und kein Er, sondern ein unpersönliches, aus der Gesammtheit der Natur bestehendes Gebilde.

50. Gott umschließt die Welt, aber die Welt kann ihn nicht umschließen. Gott ist über die Körper= und Geisterwelt unendlich e r = h a b e n.

Die Himmel und Himmel umfassen dich nicht. 1 Kön. 8, 27. Gott ist die Stätte der Welt, die Welt aber nicht seine Stätte. Bereschith Rabbah P. 68.

51. Nur ein k ö r p e r l o s e s Wesen kann überall gegenwärtig sein, ohne vom Weltall erfüllt und umschlossen zu werden. Gott ist r e i n = g e i s t i g.

Ihr habt keine Gestalt geschaut am Tage, da der Ewige zu euch redete am Choreb aus dem Feuer. Deut. 4, 15.

52. Wie Gottes Dasein, so ist auch seine Macht, seine Weisheit und sein Wissen ohne Schranken. Der All=Schöpfer vermag Alles; der ewige und überall gegenwärtige All=Bildner kennt jedes Wesen, jede That und jede Regung selbst in der tiefsten Finsterniß und den fernsten Jahrtausenden; der friedenstiftende All=Erhalter, der jeder Kraft eine unverrückbare Grenze angewiesen und die scheinbar unversöhnlichsten Naturmächte zu einem Ganzen verbindet, weiß Alles in der wunderbarsten Weise seinem Endzwecke gemäß einzurichten. Gott ist a l l = m ä ch t i g, a l l w i s s e n d und a l l w e i s e.

Alles, was der Ewige will, vollbringt er im Himmel und auf Erden. Ps. 135, 6. Auch die Finsterniß verfinstert nichts vor dir,

und Nacht wie Tag leuchtet, Finsterniß wie Licht. Pf. 139, 12.
Wie sind deiner Werke so viel, o Gott! Alles hast du mit Weisheit
gemacht. Pf. 104, 24.

53. Gott ist das sittlich=beste Wesen; kein Hauch des Unreinen darf
in seine Nähe sich wagen, ohne in Schaam und Reue vor seinem flecken=
los strahlenden Sonnenblicke zu vergehen. Gott ist der Aller hei=
ligste.

Heilig bin ich, der Ewige, euer Gott. Lev. 19, 2. Heilig, heilig,
heilig ist der Gott der Heere. Jes. 6, 3. Keiner ist heilig, wie
Gott. 1 Sam. 2, 2.

54. Gottes Wesen duldet keinerlei Theilung. Seine Einheit ist der
Art, daß Alles, was von Ihm ausgesagt wird, unzertrennlich ist von
seinem Wesen, alles Ihm Beigelegte — Er selbst ist. Gott ist einig=
einzig.

Höre Israel! der Ewige, unser Gott, der Ewige ist der Eine.
Deut. 6, 4. Vergl. Maim. Jesode Hatthorah 2, 10.

VIII.

Vom Verhältnisse zwischen Gott und Welt.

55. Die Schöpfung der Welt ist eine freie That Gottes und kein
nothwendiger Ausfluß seines Wesens; denn in letzterem Falle würde sie
zum Wesen Gottes gehören, im Ganzen, wie im Einzelnen unverän=
derlich sein müssen und als Körper Gottes erscheinen. Gott ist aber
körperlos und das Weltall Veränderungen unterworfen.

Gott schuf, was er wollte. Pf. 115, 3. Du hast ehedem die
Erde gegründet und deiner Hände Werk, die Himmel; sie mögen

untergehen — du bleibst; sie Alle mögen wie ein Gewand altern, du wechselst sie wie ein Kleid — und sie wechseln, du aber bist und deine Jahre wechseln nimmer. Pf. 102, 26–28.

Anm. Auch die biblische Darstellung der a l l m ä h l i g e n Entstehung des All's bestätigt entschieden den obigen Satz.

56. Die Welt hat somit einen A n f a n g; sie wurde durch Gottes Allmacht aus dem Nichts hervorgerufen.

Ehe noch die Berge geboren waren und gekreiset Erde und Welt und von Ewigkeit zu Ewigkeit warst du der Mächtige. Pf. 90, 2. Vergl. Albo Ikkarim I. 12. Am Anfang schuf Gott Himmel und Erde. Genes. 1, 1.

Anm. Der Ausdruck für das Schaffen aus Nichts ist בָּרָא, während das Bilden aus Vorhandenem in der biblischen Schöpfungsgeschichte mit יצר oder עשה bezeichnet wird. Vergl. 2 B. Makkab. 8, 28. Ob nach der biblischen Lehre die Welt jemals untergehen wird, ist zweifelhaft, da die Schrift Himmel und Erde bald als vergänglich, bald als Bild der Unvergänglichkeit hinstellt. Die obige Stelle aus Pf. 102 spricht blos für das W e ch - f e l n innerhalb, nicht für den Untergang des Weltalls, welcher blos als m ö g l i ch gedacht wird. Diese Frage ist indeß für die Religionslehre gleichgültig. Der W e l t a n f a n g gehört dagegen zu den Grundlehren des Judenthums. Zu bemerken ist noch, daß der spätere Gebrauch des עולם (Ewigkeit) für „Welt" auf eine ewige Fortdauer des Alls hinweist.

57. Alles ist g u t u n d r e i n aus Gottes Hand hervorgegangen. Gottes Werk ist l ü ck e n l o s und entspricht vollkommen seinem Endzwecke.

Gott sah Alles, was er machte, und es war sehr gut, Genes. 1, 31. Der Fels — vollkommen ist sein Werk. Deut. 32, 4.

Anm. Es gibt sonach kein von N a t u r aus unreines Geschöpf, und wenn die Schrift gewissen Thieren Unreinheit beilegt, so beruht dies lediglich auf gewissen nachtheiligen Eindrücken und Vorstellungen, die sie hervorrufen.

58. Im Sinne dieser Lückenlosigkeit der Schöpfung sagt die Schrift Genes. 2, 2: Gott ruhete am siebenten Tage von seiner Arbeit, d. h.

Er hörte auf, Neues zu schaffen, und schloß die Schöpfungskette, weil er eben sein Werk für seinen erhabenen Plan vollkommen ausreichend erkannte.

59. Ist Gottes Werk vollkommen, so sind die Naturgesetze noth=wendig u n a b ä n d e r l i ch; denn selbst die augenblickliche Aufhebung dieser Gesetze zu irgend einem Endzwecke würde einen Mangel in den ursprünglichen Einrichtungen beurkunden.

Er gab ein Gesetz, das er nicht überschreitet. Pf. 148, 6.

A n m. Die Wunder, von welchen die Schrift berichtet, lassen sich entweder auf natürliche Ereignisse zurückführen, die — wie z. B. die Spaltung des Meeres — durch die Art und den Zeitpunkt ihres Eintreffens wunderbar er=scheinen und große sittliche Wirkungen erzielen, oder sie gehören in's Gebiet der Sagen. Die Rabbinen suchen das Wunder mit der Vollkommenheit der Schöpfung durch die Erklärung in Einklang zu bringen: Gott hätte sich die Ausnahmen in den sechs Schöpfungstagen v o r b e h a l t e n!!

60. Gott ist nicht nur Schöpfer, sondern auch R e g i e r e r des Weltalls. Er hat seine Hand von der Schöpfung auch nach ihrer Vollendung nicht abgezogen, um sie dem Zufalle oder blinden Natur=mächten preiszugeben. Er lenkt und leitet das E i n z e l n e, wie das G a n z e, bestimmt das Seyn und Geschick eines jeden Wesens und erstreckt seine Obhut über Alles.

Deine Gerechtigkeit wie mächtige Gebirge, deine Gerichte — unergründliche Tiefen, M e n s c h e n und V i e h hilfst du, Gott. Pf. 36, 7. Gut ist Gott Allen, und seine Barmherzigkeit erstreckt sich über all' seine Werke. Pf. 145, 9. Er zählt die Sterne, ruft sie alle mit Namen. Er gibt dem Vieh sein Futter, den jungen Raben, wornach sie schreien. Pf. 147, 4. 9. Kein Finger kann Jemandem ohne höhere Bestimmung verletzt werden. Cholin 7 b. Jedes Ge=wächs hat seinen himmlischen Lenker. Bereschith Rabbah P. 10.

A n m. Unbiblisch ist die Ansicht: die göttliche Obhut erstrecke sich blos inner=halb der Menschenwelt auch auf Individuen, im Reiche der vernunftlosen

Wesen dagegen nur auf die Gesammtgattung. Daß die Schrift an manchen Stellen die göttliche Beaufsichtigung der Menschengeschicke besonders scharf betont, ist nicht auffallend.

61. Diese göttliche Obhut wird **Vorsehung** genannt. Gott **sieht voraus**, d. h. er bestimmt von ewig her die Laufbahn aller seiner Creaturen. Nichts ist dem bloßen Zufalle überlassen, Nichts kann ohne Gottes Willen geschehen.

Anm. Ueber die Einschränkung dieses Lehrsatzes durch das, was Gott der freien Selbstbestimmung des Menschen überlassen, wird das nächstfolgende Capitel handeln.

IX.

Vom Verhältnisse zwischen Gott und Menschen.

62. Der Mensch ist nicht blos ein Erzeugniß Gottes, sondern ein **Kind Gottes**; denn sein selbstbewußter Geist, sein eigentliches Ich, ist **aus Gott geboren**, Geist vom göttlichen Geiste, Licht vom göttlichen Lichte.

Gott machte den Menschen in seiner Aehnlichkeit. Genes. 5, 1.

Kinder seid ihr des Ewigen, eures Gottes. Deut. 14, 1.

63. Auch der Leib des Menschen ist als Hülle des gottgeborenen Geistes von ungleich höherer Würde, als der des Thieres, und wird in der Schrift „Gotteswohnung" genannt. Num. 19, 13.

Wer Menschenblut vergießt, dessen Blut soll durch Menschen vergossen werden; denn im Bilde Gottes machte Er den Menschen. Genes. 9, 6.

64. Der Menschengeist ist, weil von Gott abstammend, nothwendig auch **unsterblich**.

Der Staub kehrt zurück zur Erde, wie er gewesen, und der Geist kehrt zurück zu Gott, der ihn gegeben. Koheleth 12, 7. Der Menschengeist ist keine Zusammensetzung aus den Naturelementen, die sich wieder auflöst, sondern kömmt von Gott im Himmel und dauert fort auch nach der Auflösung des Leibes und dem Untergang der (thierischen) an den Leib gebundenen Seele. Maim. Jesode Hatthorah 4, 9.

Anm. Auf den weit verbreiteten Unsterblichkeitsglauben in uralter Zeit weist schon der im Pentateuch vorkommende Ausdruck "Scheol," „Eingesammelt= werden zu den Vätern" und Gebrauch der Todtenbeschwörung hin.

65. Nur der Geist des Menschen, nicht sein Leib ist zum ewigen Leben berufen, und der Glaube an die Wiederauferstehung des Menschen= leibes ist erst aus der persischen Religion in's Judenthum verpflanzt worden.

66. Der Mensch hat einen freien Willen und ist daher für sein, aus diesem Willen folgendes Thun und Lassen verantwortlich, ein moralisches Wesen. Ohne solche Freiheit wäre das Vorhanden= sein des Gewissens mit seinen frohen und schmerzlichen Empfin= dungen eine Unmöglichkeit.

Die Sünde lauert vor der Thüre, sie trägt Verlangen nach dir, aber du kannst sie beherrschen. Genes. 4, 7.

67. Diese Willensfreiheit des Menschen ist in dem Sinne aufzu= fassen, daß seine Entschlüsse und deren Ausführung von Gott nicht vorherbestimmt und weder von der göttlichen, noch irgend einer andern Macht erzwungen werden, sondern einzig und allein aus seiner eigenen, freien Selbstbestimmung folgen ; daß auf seinen Willen wohl gar Vieles in und außer ihm ein= wirken, aber keine Gewalt des Himmels und der Erde einen Zwang üben kann. Dagegen kann, wie die tägliche Erfahrung

schon beweist, die Ausführung der freien menschlichen Entschlüsse durch göttliche Fügung sehr wohl v e r h i n d e r t werden.

Alles ist vom Himmel bestimmt, nur nicht die Gottesfurcht (die moralischen Handlungen). Berachoth 33 b.

A n m. Nach der biblischen Lehre legt Gott dem Menschen zur Prüfung und Läuterung oft noch besondere Antriebe in den Weg, die ihn zum Bösen verleiten und auf seine Entschlüsse zum Guten hemmend einwirken wollen. In diesem Sinne heißt es: Gott hätte Pharao's Herz verhärtet, Israel nicht zu entlassen.

68. Der Mensch kann bei aller Freiheit doch immer nur das vollführen, was ihm Gott zur freien Verfügung gestellt, niemals aber ist er im Stande, irgend Etwas g e g e n Gottes Vorherbestimmungen zu vollbringen. Ja er kann in das f r e m d e menschliche Schicksal weder zum Guten, noch zum Bösen eingreifen, ohne daß dieses Gute oder Böse dem, der es erfährt, von Gott bestimmt worden. Auch kann er bei aller Mühe und Arbeit selbst für sein eigenes Schicksal nur die ihm von Gott zugemessene Wo h l t h a t erringen. Dagegen vermag er s i c h s e l b s t aus bloßer göttlicher Z u l a s s u n g und ohne göttliche Vorausbestimmung B ö s e s zuzufügen, so wie die gleiche Gewalt über das Schicksal des vernunftlosen Wesens zu üben, das er zu beherrschen berufen worden.

Gott ist mit mir! Ich fürchte Nichts, was kann der Mensch mir thun? Ps. 118, 6. Wenn Gott das Haus nicht bauet, ist vergeblich der Bauenden Mühe; wenn Gott die Stadt nicht hütet, ist vergeblich das Hüten des Wächters; vergebens steht ihr früh auf und ruhet spät erst aus und esset mit Sorgen euer Brod; er gibt's seinem Geliebten im Schlafe. Ps. 127, 1. 2. Es gibt keine Weisheit, keine Einsicht und keinen Rath gegen Gott. Das Roß ist bereit für den Schlachttag, aber die Hilfe ist Gottes. Sprüche Sal. 21, 30. 31.

„In allen Beziehungen setze der Mensch sein Vertrauen auf das von Gott ihm Bestimmte; er wisse, daß ihm nur das zukommen

könne, was Gott von ewig her ihm zugedacht, seinem zeitlichen und
ewigen Wohle am angemessensten und seinem Ende am heilsamsten
ist, daß in allen Stücken seines Geschickes göttliche Lenkung ihm zu
Theil wird und kein geschaffenes Wesen ohne Gottes Bestimmung
und Urtheilsspruch etwas über ihn vermag, daß eben so wenig eine
Nahrung, Kleidung und sonstigen Bedürfnisse, wie sein Leben, Ster=
ben, Gesund= und Kranksein von einer Creatur abhänge". Bechai
Herzenspflichten, S. 215. ed. Wien 1853. „Ich staune darüber,
daß Jemand für die Gabe, die er seinem Mitmenschen reicht und die
diesem doch von Gott vorausbestimmt worden, Dank und Lob an=
sprechen mag." ibid. S. 218.

Die Lust des Trägen tödtet ihn, da seine Hände die Arbeit ver=
schmähen. Sprüche Sal. 21, 25. Und ihr sollt herrschen über die
Fische des Meeres und das Geflügel des Himmels und alles Gethier,
das sich auf der Erde regt. Genes. 1, 28.

Anm. Es ist unvernünftig, anzunehmen, daß sich der Mensch nicht sel b st=
st ä n d i g durch ein zweckwidriges Verhalten um Güter bringen könn., auf
deren Erwerbung und Erhaltung ihn Gott hingewiesen. Wer nicht säet. darf
keine Ernte erwarten. Wer seinen Besitz verschleudert, darf die Armuth nicht
dem Schicksale, sondern nur der eigenen Thorheit beimessen. Der Selbst=
mörder würde allem Anscheine nach das Lebensziel ohne seine Unthat erst
später gefunden haben. Auf dieser Voraussetzung beruht das Recht der Noth=
wehr und die Pflicht, sich nicht ohne Noth Gefahren auszusetzen.

69. Die Freiheit der menschlichen Handlung wird dadurch, daß sie
oft zur Vermittlung göttlicher Schicksalsfügungen dient, keineswegs
aufgehoben, indem Gott, dem für die Ausführung seiner Beschlüsse der
Mittel viele zu Gebote stehen, blos das vermittelte Schicksal, nicht aber
die Wahl des Mittels bestimmt.

Anm. Einige fromme Männer sprachen vor ihrer grausamen Ermordung
durch Trajan zu demselben: Gott hat uns zum Tode verurtheilt, aber er hat
der wilden Thiere viele zur Vollstreckung seines Urtheilsspruches und unsere
Tödtung keineswegs d i r a u f g e t r a g e n; er wird vielmehr unser Blut von
dir fordern (Taanith 18 b). Der Mörder konnte nur eine Gottesfügung an

dem Ermordeten vollziehen, aber Gott hat ihn nimmer zu ſeinem Boten be=
rufen, und die That bleibt daher frei und ein Verbrechen. Jsraels Druck
in Aegypten war eine Gottesfügung, aber die Dränger handelten darum
keineswegs in göttlichem Auftrag; ſie übten vielmehr Gott Mißfälliges und
wurden ſchwer beſtraft.

Von der Beſtimmung des Menſchen.

70. Der aus Gott ſtammende, ſelbſtbewußte, denkende und freie
Geiſt verleiht dem Menſchen eine angeborene Gottähnlichkeit, die
ihn befähigt, Gutes und Böſes zu unterſcheiden, zwiſchen beiden
zu wählen und durch Erwählung des Guten auch ſittliche Gott=
ähnlichkeit ſich zu erwerben. Dieſer Erwerb iſt nun die höhere
Beſtimmung des Menſchen und wird in der heiligen Schrift „Wan=
deln in den Wegen Gottes" genannt.

71. Der oberſte Grundſatz aller Frömmigkeit beſteht ſomit darin,
ſich Gott zum ſittlichen Vorbilde zu nehmen, ſeinem unendlich erhabenen
Beiſpiele nachzuſtreben, Ihn ſtets vor Augen zu haben, heilig zu
werden, wie Er heilig iſt.

Heilig ſollt ihr ſein, denn ich bin heilig, euer Gott. Lev. 19, 2.
Und nun, Jsrael! was fordert der Ewige, dein Gott, von dir? Nur
zu fürchten den Ewigen, deinen Gott, und in all' ſeinen Wegen
zu wandeln. Deut. 10, 12. Gott ſchuf den Menſchen in ſei=
nem Ebenbilde — das iſt die Grundlage der ganzen Thorah. Bere=
ſchith Rabbah P. 23.

Anm. Was in ſittlicher Hinſicht von dem Gemeinen und Gewöhnlichen ge=
trennt und über daſſelbe erhaben iſt, das iſt heilig (vergl. Weſſely zu Lev. 19,
2). Etwas heiligen heißt: es vom Sittlichgemeinen abſondern und darüber
erheben, wie umgekehrt das von ſeiner ſittlichen Würde Herabgezogene ge=
ſchändet wird (חלול). In dieſem Sinne wird Jsrael durch Gott, wie
Gott durch Jsrael geheiligt. Gott als das ſittlicherhabenſte Weſen iſt das
Urbild aller Heiligkeit. In demſelben Sinne werden auch gottgeweihte Zeiten
und vernunftloſe Gegenſtände in Rückſicht auf ihre Förderung ſittlicher End=
zwecke heilig genannt.

72. Wie einerseits der gottähnliche Geist den gewaltigen Trieb in sich trägt, den Menschen auch zur sittlichen Gottähnlichkeit zu führen, immer weiter über das Thier zu erheben und immer mehr zu heiligen, so trägt anderseits die sinnliche Natur, die er mit dem Thiere theilt, den Trieb in sich, ihn vom gottähnlichen Streben abzuhalten, ihn immer t h i e r ä h n l i c h e r zu machen und immer mehr zu entheiligen. Wie aber der Mensch vermöge seiner höhern gottähnlichen Natur zur Herr=schaft über das vernunftlose Wesen berufen ist, so kann und soll auch i n i h m das gottähnliche Wesen das niedrige und thiergleiche Wesen be=herrschen und selbst zur Ausführung seiner Befehle im Namen Gottes zwingen, um so das dem Dienste Gottes Widerstrebende dem Dienste Gottes zu heiligen.

Der Trieb nach dem Guten und der Trieb nach dem Bösen — beide sind vor dem Herrn dienende Lichtengel, wenn letzterer vom ersteren in den heiligen Dienst gezogen wird. Raschi zu Sachar. 4, 14.

73. Erringt der Geist in solcher Weise die Siegespalme, dann ist der Mensch g a n z , u n g e t h e i l t ; denn Alles an ihm — die höhere und sinnliche Natur — ist geheiligt und strebt nach demselben Ziele. Erringt dagegen das sinnliche Wesen die Herrschaft über den gottähnlichen Geist und wird dieser zu Beschlüssen verleitet, die ihn Gott entfremden, dann ist die S ü n d e und mit ihr die Selbstzerrissen=heit geboren ; denn es erhebt sich augenblicklich im gefallenen Gottes=sohne der Weheruf des Gewissens, lautschallend wie der Donner des Himmels.

Wandle vor mir und sei g a n z . Genes. 17, 1. Kein Friede den Frevlern, spricht der Herr. Jes. 57, 21.

Von der Sünde.

74. Die Sünde ist U n n a t u r ; denn sie besteht in der Herrschaft des Niedrigen über das Hohe, des Staubgebornen über das Gott=

entſtammte; ſie iſt eine Schändung und Entweihung des gottähnlichen Menſchen und eben dadurch auch des geheiligten Gottesnamens.

75. Die Sünde iſt einzig und allein das Erzeugniß des freien Willens. Ein angeborener ſündhafter Zuſtand iſt ein Unding; der Menſch iſt rein aus Gottes Hand hervorgegangen. Der dem Menſchen angeborene T r i e b n a c h d e m B ö ſ e n, der ſeinem thieriſchen Theile innewohnt, iſt an ſich eben ſo wenig böſe, als das Thier über=haupt; er iſt eine ihm von Gott eingepflanzte Naturanlage, die den Menſchen nöthigt, für Gott zu k ä m p f e n und ihm vielmehr zum Heiligungsmittel werden ſoll.

Und Gott ſah Alles, was er gemacht, und ſiehe! es war ſ e h r gut. Dieſes „ſehr gut‟ bezieht ſich auf den Trieb nach dem Böſen. Bereſchith Rabbah P. 9.

76. Der Tod folgt nicht erſt aus der Sünde; er war gleich von vorn herhein die Beſtimmung des menſchlichen Leibes.

Im Schweiße deines Angeſichts ſollſt du Brod eſſen, bis du zur Erde zurückkehrſt, von welcher du genommen; denn du biſt Staub und ſollſt wieder zum Staube zurückkehren. Geneſ. 3, 19.

A n m. Wäre erſt durch den Genuß der verbotenen Frucht der Tod überhaupt über den Menſchen verhängt worden, ſo müßte es hier heißen: du ſollſt ſter ben, während das endliche Sterben blos als Naturgeſetz genannt wird. Die Worte: „Am Tage deines Eſſens von ihm (dem Baume der Erkenntniß) ſollſt du ſterben‟, beweiſen keineswegs, daß erſt durch dieſes Vergehen die Sterblichkeit des Menſchen erzeugt worden; denn ſie können, da Adam an d e m ſ e l b e n Tage nicht ſtarb, jedenfalls nur bedeuten: am Tage u. ſ. w. biſt du t o d e s ſ c h u l d i g, womit keineswegs ausgedrückt iſt, daß ohne den betreffenden Genuß der Tod nie eingetreten wäre. (Vergl. Nachmanides zur Stelle.

Von der Vergeltung.

77. Gottes Gerechtigkeit belohnt das Gute und beſtraft das Böſe.

Du zahleſt Jedem nach ſeinem Thun. Pſ. 62, 13. Du, groß an Rath und gewaltig an That — deine Augen ſind geöffnet über alle Wege der Menschenkinder, Jedem zu geben nach seinen Wegen und der Frucht seiner Thaten. Jerem. 32, 19.

78. Die Vergeltung besteht theils in den natürlichen Folgen des moralischen Verhaltens, theils in Schicksalen, die mit diesem Verhalten in keinem unmittelbaren Zusammenhange stehen. Zur ersten Art gehört die Zufriedenheit im Herzen des Gerechten und die Zerrüttung im Herzen des Frevlers, die Schande und Schmach im Gefolge eines verbrecherischen Lebens und die Achtung und Liebe im Gefolge des redlichen Handelns, das traurige Siechthum des Sklaven der Lust, wie die Abhängigkeit der blühenden Gesundheit von Mäßigkeit und Selbstbeherrschung. Zur letzten Art gehört die verheißene Fruchtbarkeit als Lohn der Gottestreue und die angedrohte Verwüstung als Strafe der Gottlosigkeit in Lev. 26.

79. Die natürlichen Folgen des guten und schlimmen Verhaltens treten entweder sofort oder doch bald ein. Von ihnen heißt es: Er säumt nicht gegen seinen Hasser und zahlt ihm in's Angesicht (Deut. 7, 10). Die strafenden Schicksalsfügungen dagegen, die mit der Sünde nicht unmittelbar zusammenhängen, lassen oft sehr lange auf sich warten, ja kommen nicht selten erst nach der Fortpflanzung des moralischen Uebels durch mehrere Geschlechter zum Vorschein; von ihnen heißt es: Der Ewige ist langmüthig (Exod. 33, 6); im vierten Geschlecht kehren sie (die Kinder Abrahams) hieher zurück, denn nicht voll ist die Schuld des Emori bis dahin (Genes. 9, 16).

Sieh'! All' dies thut Gott zwei=, dreimal mit dem Manne, seine Seele vom Verderben zurückzubringen und zu erleuchten im Lichte des Lebens. Job. 33, 29. 30.

80. Gottes Gerechtigkeit ist zugleich voller Liebe und bestraft den Sünder in keiner andern Absicht, als ihn zu bessern und zu erleuchten.

Wie ein Mann seinen Sohn züchtigt, so züchtigt dich der Ewige, dein Gott. Deut. 8, 5.

81. Dieselbe Liebe nimmt auch den reuig zurückkehrenden Sünder wieder gnädig auf, ohne jedoch die natürlichen Folgen der Sünde damit aufzuheben; denn Gott unterbricht den Naturlauf eben so wenig zum Vortheile des Bußfertigen, wie zum Nachtheile des starrsinnigen Frevlers.

Der Ewige — ein barmherziger und gnädiger Gott, langmüthig, voll Gnade und Treue, die Gnade bewahrend bis in's tausendste Geschlecht; verzeihend Vergehen, Missethaten und Sünde, der aber Nichts ungestraft läßt. Exod. 33, 6. 7.

Warum läßt Gott dem gestohlenen Saatkorn Frucht entsprießen? Er läßt der Welt ihren Lauf und zieht die Thoren später zur Rechenschaft. Talmud Abodath Elilim 54 b.

82. So weit es im Laufe der Natur liegt, erstreckt sich das Unheil der Sünde und der Segen der Tugend auch über die Nachkommen. Außerdem haben die Kinder keinen Antheil an der Strafe und am Verdienste der Väter. Nur von der natürlichen Wirksamkeit der Strafe und des Lohnes wird verkündet: Gott gedenkt die Sünde der Eltern über die Kinder bis in's dritte und vierte Geschlecht derer, die ihn hassen, und übt Gnade bis in's tausendste Geschlecht derer, die ihn lieben und seine Gebote bewahren; sonst aber läßt die göttliche Gerechtigkeit — wie Jecheskel 18 hervorhebt, eben so wenig dem lasterhaften Sohne die väterliche Frömmigkeit zu Gute kommen, als dem gerechten Sohne die väterliche Unthat zur Last fallen.

Anm. Vergl. Mendelsohn's Erklärung zu Lev. 26, 39. Die tägliche Erfahrung zeigt, daß Kinder, selbst als noch kleine und schuldlose Wesen, durch die Lasterhaftigkeit der Eltern schwer leiden müssen und umgekehrt hinwiederum verdienstlose Kinder an den Segnungen, die von der Gerechtigkeit der Eltern ausgehen, sich sättigen dürfen. Eben so bezeugt die Weltgeschichte, wie das bezügliche Heil und Verderben als eine lange Kette ganze Generationen durchzieht. Durch eine natürliche Verkettung von Ereignissen wurde der Verrath an Joseph die Grundlage des Sklavendruckes in Aegypten und die Gottestreue der Erzväter Jahrtausende hindurch der Stolz und Jubel ihrer Nachkommen.

Nimmer aber kann das Verdienst oder die Sündenhaftigkeit der Eltern eine Wirksamkeit üben, welche für die Kinder die Vergeltung ihres abweichenden Verhaltens schmälert oder gar aufhebt. Vielmehr ist der gerechte Sohn nur um so verdienstvoller, wenn er dem Beispiele eines ungerechten Vaters nicht folgt, und der ungerechte Sohn um so strafbarer, wenn er die Ermahnungen eines gerechten Vaters verschmähet.

83. Nicht immer sind die Schicksalsfügungen als Vergeltung anzusehen. Gar häufig ist ein schmerzliches Loos dem Gerechten und wenigstens äußeres Glück dem Ungerechten beschieden. Es ist dies ein Räthsel der göttlichen Weltregierung, das der kurzsichtige Mensch nimmer zu lösen vermag und das uns an der allgerechten göttlichen Führung um so weniger irre werden lassen darf, als wir nur den Anfang, nicht das Ende der Dinge, nur den Augenblick, nicht die Zukunft, nur die Außenseite, nicht in das Herz schauen, nicht dahin, wo das Schicksal in seiner endlichen und wahren Gestalt sich zeigt. Jedenfalls aber dienen schmerzliche Fügungen dem Frommen zur läuternden Prüfung und gesteigerten Heiligung.

Er speiste dich mit Man in der Wüste, das deine Väter nicht kannten, dich zu demüthigen und zu prüfen, dir in deiner Zukunft wohlzuthun. Deut. 8, 16.

Warum sagst du, Jacob, sprichst du, Israel: mein Weg ist dem Ewigen verborgen, mein Recht geht an meinem Gotte vorüber! Jes. 40, 27.

Achte auf den Tadellosen, schau den Redlichen; denn ein glückseliges Ende hat ein solcher Mann, Verbrecher aber werden getilgt allesammt, der Frevler Ende ist Vernichtung. Ps. 37, 37.

Der Böse hat keine Zukunft, der Frevler Licht erlischt. Sprüche Sal. 24, 20.

84. Am Unverkennbarsten und Strahlendsten leuchtet Gottes vergeltende Gerechtigkeit auf dem Schauplatze der Völkergeschicke, wo dem forschenden Auge nicht Augenblicke, sondern Jahrtausende, nicht der sich

leichtverbergende Lauf der einzelnen Menschenwelle, sondern der Ocean
der Menschheit zur Betrachtung sich darbietet. Hier, wie sonst nirgends,
tritt der eifervolle Gott, der Rächer der Lüge und Bosheit und Freund
der Wahrheit und Gerechtigkeit, in voller Majestät hervor; hier sehen
wir Lüge und Bosheit, wenn das Maaß voll geworden, die mächtigsten
Nationen aus der Höhe eines welterfüllenden Ruhmes in den Abgrund
der Vernichtung hinabstürzen, und dagegen Licht und Recht ihre Ver=
treter im unscheinbarsten Gewande und unter hundert= und tausend=
jährigem Haß und Druck zu immer glorreichern Siegen führen und zum
Ziele der Weltherrschaft emportragen.

Gerechtigkeit hebt ein Volk, Sünde ist der Untergang der Völker.
Sprüche 14, 34.

Von der Gleichheit der Menschen.

85. So verschieden auch die Menschen an geistigen und körperlichen
Anlagen, Eigenschaften und Fähigkeiten sind, hat dennoch Einer vor
dem Andern von N a t u r aus keinen w e s e n t l i c h e n Vorzug, indem
das Wesen der natürlichen Würde der vernünftigen Geschöpfe in der an=
geborenen Gottähnlichkeit besteht, die ihnen allen gemeinsam zukömmt.
Alle sind Nachkommen desselben Adam, den Gott in seinem Ebenbilde
erschuf, und waren ursprünglich nur Ein Volk, das sich erst später in
verschiedene Stämme trennte. Von einer höhern Heiligkeit gewisser
Menschen oder Menschenstämme kann sonach niemals in Hinsicht der
Geburt, des Geblütes, sondern ausschließlich in Bezug auf ihre selbst=
erworbenen, m o r a l i s c h e n Vorzüge die Rede sein.

Und es war die ganze Erde Eine Sprache und einerlei Rede.
Gen. 11, 1. Der Ewige, euer Gott, ist der Gott der Götter und
der Herr der Herren, der große, mächtige und furchtbare Gott, der
nicht auf die P e r s o n achtet und keine Bestechung nimmt; er

schafft Recht der Waise und Wittwe und liebt den Frembling, ihm zu geben Brod und Kleid. Deut. 10, 17. 18.

X.

Vom Verhältnisse zwischen Gott und Israel.

86. Israel ist das Volk Gottes, indem es zuerst den Einig=Einzigen erkannte und ferner ihn und sein Wort aller Welt zu verkünden berufen worden. In diesem Sinne wird dasselbe gegenüber den andern Völkern das h e i l i g e V o l k genannt, wie auch der an reiner Erkenntniß und Verehrung Gottes einst hervorragende levitische Stamm gegenüber den Nichtleviten besondere Heiligkeit besaß und den Priesterdienst zu versehen hatte innerhalb der Priestergemeinde.

Ihr sollt mir sein ein Priesterreich und ein heiliges Volk. Exod. 19, 6. Ich, Gott, berufe dich zum Heile und halte fest deine Hand und bewahre dich und setze dich ein zum Bunde der Völker, zum Lichte der Nationen. Jes. 42, 6.

87. Wie Gott jedes Volk von einem weltgeschichtlichen Berufe mit eigenthümlichen natürlichen Anlagen hierzu ausgerüstet, so auch Israel zu seiner erhabenen Aufgabe, die höchsten Schätze der Menschheit aus den Offenbarungsquellen zu empfangen, zu erhalten und fortzupflanzen. Zu diesen Eigenthümlichkeiten des jüdischen Stammes gehören besonders Geistesenergie und unermüdliche Ausdauer, eine merkwürdige Mischung von Weichheit und Zähigkeit, von Biegsamkeit und Unerschütterlichkeit, Eigenschaften, die ihn einerseits gegen Erstarrung, andererseits gegen Selbstauflösung schützen. Vor Allem aber kömmt

6

Israel bei der Erfüllung seines Berufes das glänzende Beispiel der Erzväter zu Statten.

Dem Ewigen, deinem Gott, gehören die Himmel und die Himmel Himmel, die Erde mit Allem, was darin; allein an deinen Vätern fand er Wohlgefallen, sie zu lieben, und so erwählte er ihren Samen nach ihnen, euch aus allen Völkern, wie jetzt geschehen. Deut. 10, 14. 15. Vergl. Abarbanel zu Genes. 24 u. Levi ben Gerschom zu Exod. 24, 9.

Anm. Dieselbe Hartnäckigkeit — so erklärt Letzterer — womit Israel nach der Sinaioffenbarung noch lange an dem gewohnten Götzendienste festhielt, machte es um so geeigneter, an der Lehre der Wahrheit, sobald es diese einmal ergriffen hatte, unerschütterlich festzuhalten.

88. So lange Israel noch nicht befestigt war in der Gotteslehre und vielmehr heidnischen Sitten und Vorstellungen anhing, mußte es auch räumlich in strenger Absonderung von den Völkern leben und in einem besondern Lande wohnen. Es gerieth in Folge seiner Treulosigkeit gegen Gott in die babylonische Gefangenschaft und wurde dort allerdings durch den Schmerz der Fremdlingschaft gebessert und geläutert. Dagegen würde ein zu langes Weilen in der Fremde diese heilsamen Einflüsse in zerstörende verwandelt haben; denn es war noch lange nicht reif genug, dem Heidenthume in der nächsten Nähe für die Dauer Trotz zu bieten. Gott ließ es daher wieder nach dem heimischen Boden zurückkehren und hier erlangte es allmählig jene eiserne Treue, die ihm die Kraft gab, den Kampf für seine Lehre auch nach Außen hin zu beginnen und seine Priestersendung thatsächlich anzutreten. Mit dem Eintritt dieser Reise war die räumliche Absonderung des Gottesvolkes nicht blos überflüssig, sondern zweckwidrig geworden. Dasselbe durfte nicht länger sich und seine Lehre absperren. Der Tempel und der jüdische Staat gingen unter und Juda wurde zerstreut über alle

Theile der Erde, um seine Geistesschätze überall hinzutragen und zum Gemeingute der ganzen Menschenwelt zu machen. Der Ueberrest Jacobs wird sein in der Mitte der Völkermenge wie Thau von Gott und wie Regenschauer auf dem Grase. Michah 5, 6.

89. Die Zerstörung des zweiten Tempels und des jüdischen Reiches durch die Römer war somit eine Folge nicht der Sündenhaftigkeit, sondern der Auserwähltheit Israels zur Segnung aller Menschenkinder, eine Bedingung für die nunmehr begonnene Priesterthätigkeit der Gesammtgemeinde. Um den Nationen das Licht Gottes zu bringen, mußten die Nachkommen Abrahams, wie dieser selbst, unter die Nationen hinauswandern und die Jugendstätte für immer verlassen, als besonderes V o l k vom Schauplatze der Weltgeschichte abtreten und nur noch — bis zur Erfüllung ihres hohen Berufes — ein b e s o n d e r e r S t a m m b l e i b e n.

Gott hat Israel unter die Völker getrieben, damit es von diesen Zuwachs erhalte. Pesachim 87 b.

90. Nicht Zwang, Trug und List, nicht zudringliche Anmuthungen und Ueberredungskünste, sondern nur die reinsten und edelsten Mittel dürfen angewendet werden, Andere für Gotteslehre zu gewinnen. Diese Mittel sind: ein reiner, heiliger Priesterwandel, leuchtende Thaten der Liebe und Gerechtigkeit gegen Jedermann, strenges und opfermuthiges Festhalten an der väterlichen Religion und den daraus fließenden Verpflichtungen, nimmerwankende Ergebung in den göttlichen Willen, Fortbildung der religiösen Institutionen nach dem Bedürfnisse der Zeit und der fortschreitenden Cultur, Enthüllung des weltumschließenden Geistes und Herzens des Judenthums im Cultus, wie im Leben, kurz Verherrlichung des göttlichen und israelitischen Namens vor den Augen aller Völker. Ja, der Nichtisraelite, welcher zur jüdischen Gemein-

schaft übertreten will, muß sogar zurückgewiesen werden, so lange nicht
genügender Grund vorhanden ist, an die Reinheit seiner Absicht zu
glauben, während ein Unmündiger, der auf eigenes Verlangen oder auf
den Wunsch seiner Mutter in die jüdische Gemeinde aufgenommen
worden, nach erlangter Mündigkeit den gethanen Schritt als gar nicht
geschehen betrachten kann.

Sie (die Lehre) sei euere Weisheit und euere Vernunft vor den
Augen der Völker, die hören werden all' diese Gesetze und sprechen:
nur ein weiser und verständiger Stamm ist dieses große Volk. Deut.
4, 6. Siehe! — so sprach Noomi zu Orpha — deine Schwägerin ist
zurückgekehrt zu ihrem Volke und ihren Göttern! Folge ihr nach!
Ruth 1, 15. Vergl. Cethuboth 11 a.

Vom Messias und seinem Reiche.

91. Die Hoffnung, daß der Einig-Einzige einst von allen Erden-
völkern anerkannt werden wird, war innerhalb des jüdischen Stammes
schon in seiner frühen Jugend vorhanden und ist im Laufe der Zeiten
nicht blos sich gleich geblieben, sondern auch immer lebendiger und allgemeiner geworden. Verschieden dagegen gestalteten sich die Vorstellungen
darüber, welche Person diesen Zustand der Welterlösung herbeiführen
und welche Stellung nach dem Eintritte der verheißenen Zeit Israel
gegen die übrige Menschenwelt einnehmen werde. In uralter Zeit
konnte man sich diese neue Ordnung der Dinge nur in Verbindung mit
der Alles überstrahlenden Herrlichkeit Jerusalems und eines dort thro-
nenden Königs aus dem Hause Davids denken. Alle Nationen — so
glaubte man — würden dann mit den reichsten Opfergaben nach Zion
hinströmen, vor Gott anzubeten und Israels Größe zu preisen. Einer
der erhabensten Propheten dagegen, der während der babylonischen
Gefangenschaft auftrat und dessen flammende Reden im Buche Jesaias
40-66 enthalten sind, läßt den Sprößling aus dem Hause Davids un-

erwähnt und sieht den zukünftigen menschlichen Welterlöser in der Ge=
sammtheit Israels, das eben vermöge seiner erhabenen Sendung für
die Menschheit und von der Menschheit Schweres erdulden müsse als
Sühnopfer für ihre Sünden (Jes. 53). Auch für ihn ist bei der be=
vorstehenden Rückkehr der Gefangenen nach Palästina Jerusalem immer
noch der zukünftige Glanz= und Mittelpunkt des religiösen Lebens;
allein der Schwerpunkt der Herrlichkeit Israels liegt für ihn nicht in
seiner besondern Volksthümlichkeit und seiner erhabenen
Stellung oberhalb der Völker, sondern eben nur in der Erhebung
der letztern zur Anerkennung seiner Lehre; er nennt Cyrus den Gesalb=
ten Gottes, durch welchen die Rückkehr der Gefangenen vor sich gehen
wird; er beschwichtigt die, welche für die Rückkehrenden keine Aussicht
auf staatliche Selbstständigkeit vor sich hatten und deshalb trauerten, mit
dem Rufe: Gras ist das Volk, nur Gottes Wort, von Israel ver=
kündet, besteht ewig und wird von allem Fleische als Gottes Wort aner=
kannt werden, ja, selbst das Priester= und Levitenthum wird nach seiner
Verkündigung in Zukunft nicht auf Israel beschränkt bleiben, sondern
auch unter den, zu Gott sich bekennenden Nichtisraeliten seine Träger
finden (Jes. 40 u. 66). Und den Eintritt dieser Zustände erwartet er
schon von der Zeit des wiederaufgerichteten Tempels, von dessen ein=
stiger Zerstörung nirgends eine Ahnung sich findet. Während des
zweiten Tempels wurde durch die politischen Schwankungen, die Palä=
stina bald diesem, bald jenem nichtisraelitischen Könige unterordneten,
so wie durch den Druck, den das Volk vielfach erfahren mußte, die
Sehnsucht nach einem davidischen Könige wieder glühender und leben=
diger, so daß selbst der Hasmonäer Simon vom Volke blos als Fürst,
nicht aber als König eingesetzt wurde, weil das Königthum in Israel
nur dem Hause Davids gebühre und dessen erwartete Wiederherstellung
die Macht der Hasmonäer wieder verdrängen werde.

92. Daß die Hoffnungen, welche Propheten und Volk an den zweiten
Tempel knüpften, nicht in Erfüllung gingen und vielmehr derselbe mit
dem jüdischen Reiche zertrümmert und das Volk zersplittert wurde, wäre
an sich wohl geeignet gewesen, den Blick ausschließlich auf die große
religiöse Zukunft der Vereinigung aller Menschen durch die Lehre
Gottes zu lenken und die Wünsche nach nationaler Wiederherstellung
für immer ferne zu halten, aber die namenlosen Verfolgungen, die jetzt
über Israel hereinbrachen, ließen diese Wünsche nur in der vollsten
Gluth von Neuem emporlodern, und der Glaube an ihre endliche Erfüllung war nothwendig, die Gemarterten vor Verzweiflung zu schützen.
Ohnehin hieße es wenigstens einer ganzen Nation zu viel zugemuthet,
unter so bittern Leiden im Kampfe für die Wahrheit von der Zukunft
einzig und allein den Sieg dieser Wahrheit ohne alle Beimischung von
p e r s ö n l i c h e n Triumphen zu erwarten. Es verdient schon die
vollste Bewunderung, daß die Schwergepeinigten überhaupt noch an die
zukünftige Beglückung der sie grausam drängenden Völker dachten und
in den Gebeten der höchsten Festtage mit der vollsten Inbrunst zu Gott
flehten: „er möge die Ehrfurcht vor sich in all' seinen Geschöpfen
walten lassen, daß Alle vor ihm sich beugen und E i n B u n d werden, seinen Willen mit ganzem Herzen zu vollziehen." Allerdings ver-
lautet schon im Talmud eine Stimme: Israel hoffe vergeblich auf
einen m e n s c h l i c h e n Erlöser, auf einen davidischen König (Sanhedrin 99 a.), allein solche Stimmen mußten in der allgemeinen Noth
wieder verhallen, die Zeit für solche Erkenntniß war noch lange nicht
gekommen. Und je länger der Heißersehnte auf sich warten ließ, desto
abenteuerlicher und geheimnißvoller wurden die Vorstellungen über seine
Person. Man ließ mit seiner Ankunft bald die Todten auferweckt, bald
— in Mißdeutung prophetischer Bilder — Himmel und Erde erneuert,
die wilden Thiere gezähmt, kurz, den ganzen Naturgang geändert
werden.

93. Es blieb der gegenwärtigen Entwickelungsstufe des Judenthums vorbehalten, den uralten Kern der messianischen Hoffnungen von all' diesen wandelbaren, durchlöcherten und zum Theile erborgten Hüllen loszulösen, alle nationalen Wünsche fahren zu lassen, den menschlichen Erlöser nur im gesammten Israel zu erblicken und die Erlösung selbst ausschließlich in der Vereinigung aller Gotteskinder auf dem weiten Erdenrunde durch die gemeinsame Erkenntniß und Verehrung des einig-einzigen Gottes, in der Verschmelzung aller Menschen zu Einem Gottesvolke, in der Erwählung des ganzen Erdballes zur Stätte der göttlichen Anbetung, zur Gotteswohnung. Die Zeit solcher Verbrüderung aller Vernunftwesen wurde ursprünglich darum eine messia=nische genannt, weil der König Israels, an welchen man sich dieselbe gebunden dachte, Messias, d. h. Gesalbter des Herrn, hieß, in=dem er mit heiligem Oele zu seinem Amte gesalbt worden. Für uns hat dieser Ausdruck blos die sinnbildliche Bedeutung der Weihe zur Vollführung einer göttlichen Botschaft, in welchem Sinne derselbe auch in Jesaias 61, 1. gebraucht wird.

Und nicht urplötzlich kommt diese verheißene Zeit; sie ist das Ergeb=niß der mehrtausendjährigen Kämpfe und Opfer des israelitischen Stam=mes für Gott und nur die Krone all' der stolzen Siege und Triumphe, die das Judenthum auf seiner langen Laufbahn bereits gefeiert. Der religiöse Einfluß der Erulanten in Babylon auf die dortigen Heiden, das Eindringen des göttlichen Wortes in nichtisraelitische Kreise durch die Uebersetzung der Bibel in die griechische Sprache, die Entstehung des Christenthums und des Islam und noch gar manche großartige geschichtliche Umwälzungen — sie sind, obgleich theilweise mit Fremdem und Heidnischem vermischt, doch nur ein Ausfluß der messianischen Wirksamkeit Israels, und die glorreichen Erscheinungen der neuern Weltgeschichte und namentlich der Gegenwart auf allen Gebieten des geistigen und gesellschaftlichen Lebens weisen immer entschiedener darauf

hin, daß die Menschheit mit Riesenschritten dem Messiasreiche entgegen=
geht.

An jenem Tage wird Gott einzig sein und sein Name einzig.
Sach. 14, 9. Ich verwandle dann die Sprache der Nationen in eine
geläuterte, daß sie alle den Namen Gottes anrufen und ihm dienen
mit Einem Gemüthe. Zeph. 3, 9. Und gehen werden viele Völker
und sprechen: Kommet und lasset uns hinaufziehen zum Gottesberge
und zum Hause des Gottes Jacobs, daß er uns unterweise über seine
Wege und wir wandeln in seinen Pfaden; denn von Zion geht die
Lehre aus und Gottes Wort von Jerusalem. Jes. 2, 3. Frohlocke,
Unfruchtbare, die nicht geboren, brich aus in Jubel und jauchze, die
nicht gekreist; denn mehr sind die Söhne der Verlassenen, denn die
Söhne der Vermählten, spricht Gott. Erweitere den Raum deines
Zeltes und die Teppiche deiner Wohnung mögen sich dehnen, wehre
es nicht! Verlängere deine Seile und deine Pflöcke festige; denn
rechts und links wirst du dich ausbreiten und dein Same erobert
Nationen und besetzt öde Städte. Jes. 54, 1–4. Die Völker
werden gesühnt durch Israels Leiden. Raschi zu Jes. 53, 4.

XI.

B. Pflichtenlehre.

94. Das Endziel aller religiösen Verpflichtungen besteht darin, daß
der Mensch sich selbst heilige, d. h. das höchst mögliche
Maaß der sittlichen Gottähnlichkeit sich erringe, wozu seine
natürliche Gottähnlichkeit ihn befähigt (§ 71). Diese Selbsthei=
ligung erfordert nun:

1. Heiligung des göttlichen Namens,
2. Heilighaltung des Menschen,
3. Heilighaltung der Natur überhaupt, und
4. der sinnlichen Natur des Menschen unentbehrliche und ihn zur Selbstheiligung immer von Neuem erweckende Zeremonien.

95. Eigentlich ist die Erfüllung sämmtlicher Gebote ohne Ausnahme **Heiligung des göttlichen Namens**, indem alle religiöse Pflichten ausschließlich im göttlichen Willen wurzeln und mit deren Beobachtung Gottes Name verherrlicht wird. Die vorstehende Eintheilung ist daher nur insofern zulässig, als diese Gebote **unmittelbar** entweder auf Gott, oder auf den Menschen, oder die Natur überhaupt sich beziehen.

Anm. Alle Versuche, eine Eintheilung der Gebote durch die verschiedenen biblischen Bezeichnungen derselben mit עֵדוֹת, חֻקָּה, מִצְוָה, מִשְׁפָּט und מִשְׁמֶרֶת zu begründen, werden schwerlich zum Ziele führen; denn der Gebrauch dieser Ausdrücke ist sehr schwankend und läßt die oft einander entgegengesetzten Erklärungen der Commentatoren als haltlos erscheinen. Vergl. Raschi, Jbn Esra u. Nachmanides u. A. zu Genes. 26, 5. Erod. 18, 4. 17. und 20, 22. Num. 9, 3. 14. Deut. 6, 20. Merkwürdig ist es, daß der Talmud **unergründliche** Gottesgebote mit חֹק bezeichnet wissen will, während dieser Ausdruck in hervorragender Weise gerade von sich selbst erklärenden Geboten gebraucht und von Jbn Esra auch in diesem Sinne hervorgehoben wird. Nur so viel ist gewiß, daß mit אוֹת (Zeichen) blos die Zeremonie angegeben wird.

XII.
Heiligung des göttlichen Namens.

96. Die Heiligung des göttlichen Namens verpflichtet uns, uner=
müdet nach Erkenntniß Gottes in seinem Wesen und Willen zu streben,
so wie beide in Ehrfurcht und Liebe anzubeten.

97. Die mosaische Lehre fordert keinen blinden Glauben, ermahnt
aber dringend, Gott und sein Wort in den Offenbarungsquellen, die in
und außer dem Menschen so reichlich fließen, zu suchen und nach bestem
Vermögen zu e r k e n n e n. Jedem Vernunftwesen sind diese unver=
siegbaren Quellen erschlossen, und so hat Jeder selbst die Verantwort=
lichkeit dafür zu tragen, wenn falsche und lügnerische Vorstellungen
seinen Geist verdunkeln und sein Leben vergiften. Die Thorheiten und
Laster der kananitischen Völker beruhten ausschließlich auf ihren heid=
nischen Vorstellungen vom göttlichen Wesen; ihr aus solcher Verblen=
dung hervorgegangenes Sinnen und Thun war aber gleichwohl ein
strafbares, und der sein Kind dem Moloch opferte, ließ sich darum nicht
weniger ein Verbrechen zu Schulden kommen; weil er in seinem Wahne
ein frommes Werk zu vollziehen glaubte. Auch wahre Vorstellungen
von Gott und seinem Willen verlieren an Werth, an Reinheit und Lebendigkeit, wenn sie der eigenen Erkenntniß ermangeln.

Erkenne es heute und führe dir's zu Herzen, daß der Ewige Gott
ist im Himmel oben und auf Erden unten, sonst Keiner. Deut. 4, 39.
Verunreinigt euch nicht durch dies Alles; denn dadurch verunrei=
nigten sich die Völker, die ich vor euch vertreibe. Lev. 18, 24. Auf
all' deinen Wegen erkenne Ihn, und er wird dir die Pfade ebnen.
Sprüche Sal. 3, 6.

98. Hieraus ergiebt sich die heilige Obliegenheit, sich namentlich mit dem Inhalte der Bibel als des Buches, welches über Gott und seinen Willen die wichtigsten und umfassendsten Aufschlüsse ertheilt, innig ver= traut zu machen und das Verständniß ihres tiefsittlichen Geistes und ihrer weisheitsvollen Lehren sich anzueignen.

Und es seien die Worte, die ich dir heute befehle, auf deinem Herzen, und du sollst sie deinen Kindern einschärfen und von ihnen reden, wenn du sitzest in deinem Hause und wenn du gehest auf dem Wege und wenn du dich niederlegest und wenn du aufstehest. Und du sollst sie binden zum Zeichen auf deine Hand und zum Denkband zwischen deinen Augen und sie schreiben auf die Pfosten deines Hauses und an deine Thore. Deut. 6, 7–9. Nicht weichen soll das Buch dieser Lehre aus deinem Munde, und du sollst darin forschen Tag und Nacht, damit du beobachtest, was darin geschrieben; denn dann wirst du glücklich sein auf deinem Pfade und Einsicht erhalten. Josuah 1, 8.

99. Gott in seinem Wesen und Willen in Ehrfurcht und Liebe an= beten, heißt: Ihn über alles Andere setzen, als das unerreichbare Ur= und Vorbild aller Heiligung betrachten, all' unsere Schicksale, die freu= digen, wie die schmerzlichen, von Ihm allein abhängig machen, als Aus= flüsse seiner Gerechtigkeit und Liebe ansehen und mit kindlichem, dank= barem Gemüthe hinnehmen, seiner allweisen Führung selbst in den schwersten Prüfungen mit unerschütterlichem Vertrauen folgen, seinen Forderungen an uns selbst unter den schwersten Opfern nachkommen, Alles, was wir sind und haben, als sein Eigenthum Ihm zur Ver= fügung stellen, Ihn in keinem Bilde darstellen, mit keinem anderen Wesen vergleichen, jede Art von Götzendienst verschmähen und Ihn allein anrufen und seinen Namen zu keiner Falschheit mißbrauchen.

Den Ewigen, deinen Gott, sollst du ehrfürchten, ihm dienen und an ihm hangen und in seinem Namen schwören. Deut. 11, 20.

Der Ewige, euer Gott, ist der Gott der Götter, der Herr der Herren, der große, mächtige und furchtbare Gott. Deut. 10, 17.

100. Auch Menschen können durch ihr Verhalten Ehrfurcht erwecken und als Muster dienen, aber selbst die glorreichste menschliche Heiligkeit ist nur ein schwacher Abglanz der göttlichen Heiligkeit. Gott allein ist der Urquell alles Guten, und nur in dem Maaße, in welchem er Ihm nachstrebt, kann der Erdensohn edler Gesinnungen und Handlungen fähig werden. Es gibt keine Sittlichkeit ohne Religion.

Keiner ist heilig wie Gott. 1 Sam. 2, 2. Nur in deinem Lichte schauen wir Licht. Ps. 36, 10. Recht und Gerechtigkeit sind die Grundpfeiler deines Thrones, Liebe und Treue weilen vor deinem Angesichte. Ps. 89, 15. Nimm dir das göttliche Walten zum Muster; Gott kleidet die Nackten und tröstet die Trauernden. Sota 14 a.

101. Gott, der Bild- und Gestaltlose, darf selbstverständlich unter keinem Bilde dargestellt werden, das ihn selbst bezeichnen soll. Aber selbst dann, wenn eine solche bildliche Darstellung durch Menschenhand blos als Zeichensprache gelten soll und — wie dies allerdings in der biblischen Sprache, z. B. in der Vergleichung der göttlichen Stimme mit der eines brüllenden Löwen oder der göttlichen Gerechtigkeit mit verzehrendem Feuer sehr oft geschieht — nur darauf ausgeht, irgend eine der göttlichen Eigenschaften und Handlungen auszudrücken, ist sie Sünde und Frevel, indem dadurch dem förmlichen Götzendienst Thür und Thor geöffnet wird. Eben so streng ist es verboten, dem heidnischen Irrthume zu huldigen, der in einem solchen Bilde einen Vermittler zwischen Gott und Menschen erblickt, einem Wahne, woraus der Dienst des goldenen Kalbes hervorgegangen.

Du sollst dir kein Bildniß, noch irgend ein Gleichniß machen von dem, was am Himmel oben und auf Erden unten und im Wasser unter der Erde, Du sollst dich vor ihnen nicht beugen und ihnen nicht dienen. Exod. 20, 4.

Hütet euch sehr um eurer Seele willen; denn ihr habt keine Gestalt gesehen an dem Tage, da Gott zu euch redete am Choreb aus dem Feuer. Deut. 4, 15.

Anm. Das Gebot: Du sollst keine fremden Götter haben vor meinem Ange=sicht — verbietet den förmlichen Götzendienst, die göttliche Verehrung einer Macht neben dem Einig-Einzigen, das Gebot der bildlichen Ausprägung von Geschöpfen untersagt letztere selbst dann, wenn das Bild blos ein Zeichen der Wesenheit und Wirksamkeit des wahren Gottes oder ein Vermittler zwischen Gott und Menschen sein soll, indem — wie es bedeutsam weiter heißt — du selbst in dieser untergeordneten Bedeutung solchen Wesen nicht huldigen darfst. Von einem Verbote der Anfertigung von Bildern überhaupt und auch ohne gottesdienstliche Zwecke ist h i e r keine Rede, wie auch der Talmud zugesteht (Rosch Haschanah 24 b). Doch betrachten die Rabbinen in Anlehnung an eine andere Schriftstelle Exod. 20, 20 das Bilden des menschlichen Antlitzes in gehobener Arbeit (nicht gewoben oder gemalt), so wie das der Engel und Himmelskörper durchaus verboten. Dagegen spricht aber schon die Menschen=gestalt der Cherubim im zweiten Tempel, obgleich diese Flügel trugen und keinem vorhandenen Geschöpfe gleich waren. Indeß widerstrebt der Geist der Gotteslehre unverkennbar allem Bilderwerke, sobald dasselbe auch nur von Ferne auf eine abgöttische Verehrung oder auf Gebräuche eines fremden Cultus hinweist. Vergl. Lev. 26, 1 u. Deut. 16, 22.

102. Da Gott der hocherhabene Lenker des Schicksals Einzelner, wie der Gesammtheit ist, sollen wir unser Geschick von ihm allein er=warten und den Glauben, als ob anderweitige fremde Mächte im Him=mel oder auf Erden dasselbe beherrschen könnten, als heidnisch ver=werfen.

Haltet euch nicht an der Völker Weise, ängstigt euch nicht vor des Himmels Zeichen, vor denen die Völker Angst empfinden mögen; denn die Satzungen der Völker sind eitel Tand. Jerem. 10, 2.

103. Wie daher unser Schicksal auch immer beschaffen sein mag — es kömmt von unserem liebreichsten Vater, der das Richteramt an sei=nem Kinde nur zu dessen Heile und mit Gnade und Barmherzigkeit

übt. Dieses Bewußtsein muß uns reichlichen Trost selbst in der Leidens=
zeit gewähren, wie Demuth und Bescheidenheit in der Fülle des Segens
verleihen und uns mit kindlicher Ergebung und dankbarem Sinn rüsten
in schlimmen, wie in guten Lagen. Es ist ein verwegener, gottver=
gessener Stolz, errungene Wohlthaten nur der eigenen Weisheit und
Geschicklichkeit beizumessen. Es ist eine verwegene Herausforderung
der göttlichen Gerechtigkeit, beim Erdulden bitterer Verluste sich einem
wilden Schmerze zu überlassen und in Klagen gegen die göttliche Welt=
regierung auszubrechen.

Sei auf deiner Hut! Du möchtest sonst vergessen den Ewigen,
deinen Gott... essen und dich sättigen und schöne Häuser bauen und
bewohnen, deine Rinder und Schafe, dein Silber und Gold und all'
deinen Besitz sich mehren sehen — übermüthigen Herzens vergessen
den Ewigen, deinen Gott, der dich herausgeführt aus Mizraim, dem
Sklavenhause... und sprechen in deinem Innern: meine Kraft und
meine starke Hand erwarb mir dieses Heer. Deut. 8, 11–17. Kinder
seid ihr des Ewigen, eures Gottes; macht euch keine Einschnitte und
keine Glatze zwischen euren Augen wegen eines Todten. Deut. 14, 1.
Gott hat gegeben, Gott hat genommen, der Name Gottes sei ge=
priesen. Job 1, 23. Der Mensch ist verpflichtet, Gott zu loben für
das Böse nicht minder, als für das Gute. Berachoth 54 a.

Anm. Die in Todesfällen übliche und dem Oriente entlehnte Sitte, auf der
Erde zu sitzen, die Kleider zu zerreißen und das Antlitz zu entstellen, ist ein
Ausdruck des wilden Schmerzes, gränzt an Auflehnung gegen Gottes Fügun=
gen und ist des Israeliten überhaupt eben so wenig würdig, wie der ehema=
ligen Priester, denen die Bibel solche Trauerkundgebungen verbietet. Lev.
10, 6.

104. Der Mensch soll unter allen Verhältnissen unerschütterlich auf
Gott vertrauen, d. h. Seiner Führung unbedingt huldigen und
daher selbst in verhängnißvollen Tagen bei getreuer Pflichterfüllung seine
Zukunft getrost Ihm überlassen, auch bei bitteren und unverschuldeten

Kränkungen keinen Augenblick an Seiner Obhut zweifeln, auch bei den stolzesten Triumphen der Lüge und Bosheit mit fester Zuversicht den endlichen Sieg der Wahrheit und Gerechtigkeit durch Ihn erwarten, kurz im Glauben an Gott, an seine Vorsehung, Liebe, Gerechtigkeit und Wahrhaftigkeit auch dann nicht wanken, wenn Seine Wege ihm dunkel und räthselhaft erscheinen. Solchen Glauben an gewisse Bedingungen knüpfen, vom Eintritte gewisser Ereignisse oder gar von Wundern ab- hängig machen, heißt G o t t v e r s u c h e n.

Gott wird für euch streiten, ihr aber — schweigt. Erod. 14, 14. Ihr sollt nicht versuchen den Ewigen, euern Gott, wie ihr ihn in Massah versucht. Deut. 6, 16. (Vergl. Richter 6, 39.) Warum sprichst du, Jacob, redest du, Israel: mein Weg ist dem Herrn ver- borgen, mein Recht geht an meinem Gotte vorüber? Jes. 40, 27. Wälze auf Gott deinen Weg und trau' auf ihn und er wird's machen. Und er wird leuchten lassen gleich dem Lichte deine Unschuld und dein Recht wie Mittagshelle. Sei still in Gott und harre sein, sei niemals eifersüchtig auf den Glücklichen, auf den, der Unrecht übt. Psf. 37, 5-8.

105. Und wie den Schicksalsfügungen, so sind wir auch den reli- giösen Fügungen unbedingten Gehorsam schuldig. Jedes Opfer, das die Religion von uns verlangt, soll mit williger Seele dargebracht wer- den, indem wir mit unserem ganzen Besitze Gottes Eigenthum sind und somit Alles, was uns zu Gebote steht, Ihm zur Verfügung zu stellen haben.

Was bin ich und was ist mein Volk, daß wir Macht hätten, solche Gaben zu spenden? Von dir kommt ja Alles, und aus deiner Hand haben wir dir gegeben. Gott, unser Herr! diese ganze Fülle, die wir bereitet, dir ein Haus zu bauen für deinen heiligen Namen, von deiner Hand kam sie, und dein ist Alles. 1 Chron. 29, 14. 16.

Lieben sollst du den Ewigen, deinen Gott, mit deinem ganzen Herzen, d. h. selbst um den Preis deines Lebens, und mit deinem ganzen Ver= mögen, d. h. auch um den Preis deiner ganzen Habe. Berachoth 54 a.

Anm. Die Rabbinen lehren: man müsse die Zumuthung, Götzen zu dienen, Blutschande zu treiben und Menschenblut zu vergießen, selbst dann, wenn es das Leben kostet, unter allen Umständen zurückweisen, so wie dasselbe Opfer für jedes Religionsgesetz bringen, wenn dessen Uebertretung aus Glaubens= haß in Zeiten allgemeiner Religionsverfolgungen gefordert wird. Maim. Jesode Hatthorah 5, 1–3. Allerdings gehört die Erhaltung des eigenen und fremden Lebens zu den heiligsten Sittengesetzen, so daß auch die Rabbinen das Gebot der Sabbathruhe, des Fastens am Versöhnungstage und der Be= schneidung außer Kraft erklären, wenn durch dasselbe, ohne daß ein Religions= zwang stattfindet, das Menschenleben preisgegeben wird; kann aber solche Erhaltung nur durch sittliche Befleckung erkauft werden, dann hat sie auf= gehört, eine Pflicht zu sein. Das höhere Geistesleben darf dem Leibesleben, das Ziel dem Mittel nicht geopfert werden. Wo ein wirklicher Widerstreit zwischen heiligen Pflichten stattfindet, muß das sittliche Gefühl entscheiden. Vergl. Sanhedrin 73 a.

106. Auch die feineren Arten des Götzendienstes sind verwerflich und müssen streng gemieden werden, und dahin gehören alle abergläu= bischen und der Vernunft hohnsprechenden Vorstellungen und Gebräuche, wie Zauberei, Tagwählerei, Todtenbeschwörungen, Kartenschlagen, Amulettenkram und ähnliche Thorheiten, wodurch der Wahnwitz die Zu= kunft zu erforschen oder günstig zu gestalten oder überhaupt Geheimnisse zu ergründen sucht. Wer solchem Wahne sich hingiebt, der huldigt finstern Mächten, fremden Göttern neben Gott.

Es finde sich keiner unter dir, der seinen Sohn oder seine Tochter führt durch's Feuer, kein Wahrsager, keiner, der Verwünschungs= oder Ahnungskünste treibt, kein Zauberer, kein Geisterbanner, kein Todtenbeschwörer, kein Weissager und kein Todtenbefrager; denn ein Gräuel Gottes ist Jeder, der solches thut, und ob dieser Gräuel treibt der Ewige, dein Gott, sie aus vor dir. Ganz sollst du sein mit dem Ewigen, deinem Gotte. Deut. 18, 10-13.

107. Die unmittelbarste Weise der göttlichen Anbetung ist die Anrufung des göttlichen Namens im Gebete und in der Eidesleistung. Um so sorgfältiger muß darauf geachtet werden, daß beide hochheilige Handlungen im strengsten Sinne des Wortes im Geiste und in der Wahrheit geschehen. Wer Gott mit Worten anruft, die nicht aus dem Herzen kommen oder gar im Herzen oder in der That verleugnet werden, der begeht den sträflichsten Mißbrauch seines heiligen Namens.

Du sollst den Namen des Ewigen, deines Gottes, nicht zum Falschen mißbrauchen. Exod. 20, 7.

Das Gebet.

108. Das Gebet ist ein Erguß unserer Empfindungen vor Gott und sonach der Ausfluß eines innern Dranges, ein Aufathmen der Seele zu Gott, eine — wie David es nennt — Befriedigung des Sehnens nach dem Ewigen, und läßt sich daher weder an bestimmte Formeln, noch an gewisse Zeiten und Plätze binden.

Mach' dein Gebet nicht zu Etwas Feststehendem (zur Gewohnheitssache), sondern laß es ein Flehen um Gottes Gnade und Barmherzigkeit sein. Aboth. 2, 13.

109. Je nachdem die, vor Gott gebrachten Empfindungen Freude über erlangte Wohlthaten, Sehnsucht nach vermißten Gütern oder Bewunderung der göttlichen Erhabenheit zum Gegenstand haben, ist das Gebet Dank-, Bitt- oder Lobgebet.

110. Die ehemalige Darbringung des, seinem ganzen Umfange nach zu Gott emporflammenden Ganzopfers war ein Sinnbild des Betens, des zu Gott emporflammenden Menschenherzens; das Gebet selbst wurde im ersten Tempel nur bei seltenen Gelegenheiten vernommen, und es blieb im Allgemeinen Sache des Einzelnen, zu bestimmen, wann

und wie er beten will. Als aber zur Zeit des zweiten Tempels der öffentliche Gottesdienst neben dem Opfercultus auch gemeinsame Gebete erforderte, mußte natürlich auch die Art und die Zeit der gemeinsamen Andachtsübung festgestellt werden.

111. Obgleich das Gebet seinem Wesen nach nichts anders, als den Herzensdrang zum Urheber haben kann, wenn es seinen Namen verdienen soll, fällt es dennoch insofern in den Kreis unserer Pflichten, als wir die Mittel aufsuchen müssen, welche das Bedürfniß nach demselben d. i. das Gefühl unserer Abhängigkeit von Gott hervorrufen. Solche Mittel sind: Die Bewunderung der göttlichen Werke, das Nachdenken über den Quell unseres Dasein's und Schicksals, wie über unsere moralische Beschaffenheit und endlich die Theilnahme an gottesdienstlichen Versammlungen. In diesem Sinne wird im Pentateuch für jeden Morgen und jeden Abend ein Ganzopfer und in einigen Fällen sogar ein förmliches Dank- und Bußgebet angeordnet. (Lev. 5, 5. 16, 21. Deut. 8, 10. 26, 1–15.) Und so sollen wir heute noch unser Tagewerk stets mit dem Gedanken an Gott beginnen und beschließen, nach jedem Gastmahle Ihm danken, in der Noth seine Hülfe erflehen und namentlich in der versammelten Gemeinde als den Hochheiligen Ihn verherrlichen und lobpreisen.

Anm. Daniel pflegte drei Mal täglich zu beten. Dan. 6, 11. Der Gebrauch, beim Beten das Antlitz gegen Osten zu kehren, gilt nicht dem Orte des Sonnenaufganges, sondern der Stätte, wo Jerusalem liegt und, wie man annahm, die göttliche Herrlichkeit (Schechina) thront. Vergl. Daniel an obiger Stelle. Viele Gesetzeslehrer dagegen lehren schon: die göttliche Herrlichkeit throne überall, und Schescher erklärt sich sogar entschieden gegen die genannte Sitte, weil auch Heiden (Perser) sich betend gegen Sonnenaufgang wenden, indem sie die Sonne göttlich verehren. Baba Batra 25. a.

112. Gedankenlos gesprochene Worte, sei es, daß sie ohne Andacht oder gar im Widerspruche mit unseren Empfindungen vor Gott ausgedrückt werden, sind eine Entweihung des göttlichen Namens.

113. Nicht die Fülle der Worte, sondern die Fülle der Andacht bestimmt den Werth des Gebets, und je lebendiger und unmittelbarer die Worte aus dem Herzen strömen, um so mehr entspricht das Gebet seiner Bestimmung, zu läutern, zu erheben und die Gemeinschaft zwischen Gott und Menschen enger zu knüpfen. Die rechte Gebetssprache ist daher nicht die fremde, wenn auch verstandene, sondern die, in welcher wir fühlen und denken.

Anm. Besser wenig mit Andacht — lehren die Rabbinen — als viel ohne Andacht. Daß das Hebräische nicht die ausschließliche Gebetssprache, wird schon von der Mischnah mit dem Ausspruche zugestanden: das Sch'ma, die Tfillah (18 Benedictionen) und das Tischgebet können in jeder beliebigen Sprache gesprochen werden. Sotah 32 a.

114. Der öffentliche Gottesdienst ist von hoher Bedeutung als das vorzüglichste Mittel, eine andächtige Stimmung zu erwecken, der Andacht selbst eine höhere Schwungkraft zu verleihen und insbesondere das Gefühl der confessionellen Zusammengehörigkeit, der Gemeinschaft im Bekenntnisse lebendig zu erhalten. Außerdem verbindet derselbe mit dem Gebete auch noch die Verkündigung und Erläuterung der Gotteslehre, ohne deren Erkenntniß selbst die innigste Andacht ihre wahre Bestimmung verfehlt.

In den Versammlungen preiset Gott, den Herrn — aus Israels Quell Ps. 68, 27. Ich freute mich, da sie zu mir sprachen: nach des Ewigen Hause wollen wir gehen. Ps. 122, 1.

Die Eidesleistung.

115. Der Eid ist eine Anrufung Gottes zum Zeugen der Wahrhaftigkeit einer Aussage, die entweder bezeugt, was geschehen ist, oder verspricht, Etwas zu vollführen, wobei das Versprechen eben sowohl Gott, wie Menschen gegeben werden kann.

116. Schon das unnütze, überflüssige Schwören ist eine Entweihung des göttlichen Namens, aber diese Entweihung wird zum furchtbaren

Verbrechen beim falschen Eide, der entweder das Gegentheil dessen, was stattgefunden, bezeugt oder ein Versprechen gibt, das später freiwillig gebrochen wird oder an sich der religiösen Pflicht widerstreitet und somit gar nicht vollzogen werden darf.

117. Dagegen ist der wahre und zweckmäßige Eid, welcher dazu dient, die Sache der Wahrheit und der Gerechtigkeit zu stützen und das Netz der Lüge und der Bosheit zu zerreißen, eine fromme und gottesdienstliche Handlung, eine Verherrlichung des göttlichen Namens.

Die Leistung eines gerichtlichen Eides ist eine religiöse Pflicht — nach dem Schriftworte: „Du sollst bei seinem Namen schwören"; denn der Schwur beim Allerhöchsten ist ein Theil des Gottesdienstes, eine Verherrlichung und Heiligung des göttlichen Namens. Maimonid. Eide 11, 1.

118. Auch das Geloben ist gottgefällig, wenn es entweder Anderen über unsere Absichten zur Beruhigung oder uns selbst bei der Ausführung frommer Vorsätze zur Stärkung des moralischen Antriebes dient.

Anm. So gelobt Jakob die Abgabe des zehnten Theiles seiner Habe, wenn ihn Gott glücklich in die Heimath zurückkehren läßt. So schwört Joseph auf Verlangen seines Vaters, dessen Leiche nach Canaan zu führen, und so schwört David der Bath-Scheba, Salomo sofort zum Thronfolger zu ernennen.

119. Von dem, Gott oder Menschen Angelobten kann uns nichts mehr entbinden. Man hüte sich daher, voreilig im Geloben zu sein.

Hast du Gott ein Gelübde gethan, so säume nicht, es zu erfüllen; denn der Ewige, dein Gott, fordert es von dir und du würdest dann sündigen. Unterlässest du aber zu geloben, so hast du keine Sünde begangen. Deut. 23, 22. 23. Besser, du gelobest nicht, als daß du gelobest und nicht zahlest. Laß deinen Mund dein Fleisch nicht versündigen und sprich nicht zum Engel (Gewissen), es sei ein Irrthum. Warum soll Gott über deine Stimme zürnen und das Werk deiner Hände zerstören? Koheleth 5, 4. 5. Die Sitte, Gelübde aufzulösen, schwebt in der Luft und hat keinen Halt im göttlichen Wort. Chagigah 10 b.

120. Das bloße Amensprechen auf eine Beeidigung von irgend Jemanden und an irgendwelchem Orte gilt in jeder Hinsicht als Schwur beim göttlichen Namen.

Anm. Das des Ehebruches verdächtige Weib sprach blos Amen auf die Beeidigung des Priesters. Num. 5, 22.

XIII.
Heilighaltung des Menschen.

121. Heilig und unverletzlich ist vor Allem die eigene, wie fremde menschliche Person in ihrer leiblichen und sittlichen Beschaffenheit.

Das Verhalten gegen die menschliche Person.

122. Der Menschenleib ist als Hülle eines Wesens nach göttlichem Ebenbilde von besonderer Würde, und wer ihn an sich oder Anderen verletzt, begeht eine schwere Sünde. Wer aber gar das Leben zerstört und Menschenblut vergießt, läßt sich einen der furchtbarsten Frevel zu Schulden kommen.

Du sollst nicht morden. Exod. 20, 13. Ihr sollt nicht rund abscheeren die Seitenenden eueres Hauptes und nicht verderben sollst du die Seitenenden deines Bartes. Und Einschnitte wegen eines Todten sollt ihr nicht machen an euerem Leibe und Schrift mit Einäßung sollt ihr nicht machen an euch. Levit. 19, 27. 28. Es komme kein

Zermalmter und Verschnittener in die Gemeinde des Ewigen. Deut. 23, 2.

Anm. Das Ausschlagen eines Zahnes von Seiten des Herrn macht den Sklaven frei ausgeben. Das strenge Verbot auch der Selbstverletzung gehet schon daraus hervor, daß der Mensch Gottes Eigenthum ist und mit dessen Beschädigung einen Eingriff in das göttliche Heiligthum begeht. Schon die Rabbiner lehren: Gefahrbringende Nahrungsstoffe sind strenger untersagt, als ceremoniell verbotene.

123. Jede Kränkung und Beleidigung, die einem Menschen zugefügt wird, ist ein Angriff auf das Leben desselben und daher streng zu vermeiden. Oeffentliche Beschämung ist vollends einer förmlichen Blutschuld gleich zu achten.

Wer seinen Mitmenschen öffentlich beschämt, ist der ewigen Seligkeit verlustig. Baba Mezia 59 a. Du sollst deinen Bruder nicht hassen in deinem Herzen. Zurechtweisen sollst du deinen Nächsten, aber keine Sünde um seinetwillen tragen. Lev. 19, 17.

124. Auch selbstauferlegte Kasteiungen zur vermeintlichen Ehre Gottes sind als leibliche Verletzung verboten.

Der (ohne Noth) fastet, ist ein Sünder. Taanith 11, a.

125. Der Mensch ist ferner verpflichtet, für die Erhaltung seines Lebens Sorge zu tragen durch Arbeitsamkeit und Mäßigkeit. Ebenso soll er Andere nach bester Kraft gegen Noth und Gefahr zu schützen suchen und Armen, Kranken und Bedrängten allerlei Art hilfreiche Hand bieten.

So du deiner Hände Werk genießest — Heil und wohl dir! Ps. 128, 2, Liebe die Arbeit und hasse Großthuerei. Aboth. 1, 10. Der Gerechte ißt zur Sättigung, der Bauch der Frevler hat nimmer genug. Sprüche Sal. 13, 25. Du sollst nicht stehen bleiben beim Morde deines Nächsten. Levit. 19, 16. Wenn dein Bruder verarmt und seine Hand wankend wird neben dir, so halte ihn, er sei Fremdling oder Beisaß, daß er lebe neben dir. Levit. 25, 35. Sieh', brich dem Hungrigen dein Brod und die seufzenden Armen führe in's Haus; wenn du einen Nackten siehst, bekleide ihn und entzieh' dich nicht von dem, der deines Fleisches; dann bricht hervor wie Morgenroth dein Licht und deine Genesung wird schnell gedeihen und vor dir her geht deine Gerech= tigkeit und Gottes Herrlichkeit beschließt deinen Zug. Jes. 58, 7. 8. Du sollst deinen Nächsten lieben, wie dich selbst. Levit. 19, 18.

126. Gotteslehre will keineswegs, daß wir Beleidigungen und Krän= kungen ruhig und ohne Abwehr hinnehmen sollen; sie ermahnt uns viel= mehr die Zurechtweisung des Kränkenden (Levit. 19, 17), aber sie ver= bietet die Rache, die Vergeltung des erfahrenen Unrechts durch Un= recht oder Gehässigkeit und fordert vielmehr Versöhnlichkeit, Vergeben und Vergessen des uns zugefügten Bösen.

Du sollst nicht dich rächen und Zorn nachtragen den Söhnen deines Volkes. Levit. 19, 18. So dein Feind hungert, speise ihn; so ihn durstet, gib ihm zu trinken; denn Kohlen scharrest du auf sein Haupt, und Gott wird dir vergelten. Sprüche Sal. 25, 21. 22.

127. Auch in ihrem sittlichen Wesen darf die menschliche Person nicht angetastet werden. Der Mensch allein besitzt unter allen Erden= wesen persönliche, sittliche Würde, und dieses hohe Vorrecht, dieses Ab= zeichen seiner göttlichen Ebenbildlichkeit kann er in sich, wie in den übrigen Mitgliedern seines Geschlechts nicht hoch genug achten. Er muß daher sorgfältig alles das vermeiden, wodurch diese Würde in ihm oder Anderen auch nur in i h r e m A n s e h e n geschmälert und herabgesetzt wird, selbst dann, wenn keine wirkliche Verletzung derselben damit verbunden ist.

128. Hieraus ergiebt sich in Bezug auf die eigene Person die Pflicht, selbst den S c h e i n des Bösen möglichst ferne von sich zu halten, über= haupt im ganzen äußern Auftreten — in der körperlichen Erscheinung, in der Kleidung, im Reden, im Essen und Trinken — die menschliche Würde

zu wahren und Alles zu unterlassen, was Spott und Hohn und Gering=
schätzung erwecken könnte, insbesondere aber da, wo der Mensch seiner
thierischen Natur den Zoll entrichtet, sich alles dessen zu enthalten, was
ihn rein thierisch oder gar wie ein Raubthier erscheinen läßt.

Ihr werdet dann rein sein vor Gott und Israel. Num. 32, 22.
Halte dir ab den falschen Mund und verläumderische Lippen entferne
von dir. Sprüche Sal. 4, 24.

Anm. Der Weise sei vorsichtig im Genusse von Speisen und Getränken, sanft
und bescheiden in der Unterhaltung, reinlich, aber nicht prunkvoll in seiner
Kleidung und hüte sich, Veranlassung zur Verdächtigung seiner schuldlosen
Schritte zu geben (Maim. Deoth 5). Das Verbot des Blutes selbst nichtopfer=
fähiger Thiere beruhet darauf, daß das Blut als die Seele des Thieres gilt
und der bluttrinkende Mensch gleichsam zum blutgierigen Raubthiere sich ernie=
drigt. Aus gleichem Grunde ist das Kochen des Böcklein's in der Milch seiner
Mutter untersagt, indem es den Charakter der Raubgier an sich trägt, das ge=
tödtete Thier in seinem eigenen Nahrungsstoffe zu kochen und zu verzehren.
Auch das Fleisch eines gefallenen oder vom Wilde zerrissenen Thieres ist ver=
boten, weil der Mensch durch die Aufnahme eines so Ekelhaften zu seinem
Nahrungsstoffe seine Würde verletzt, sich entweiht und eben dadurch verun=
reinigt (Lev. 17, 16). Auf gleicher Grundlage beruht das Verbot der un=
reinen Thiere, die theils als Raubthiere, theils durch ihre eckelhafte Erscheinung,
theils (die schuppenlosen Fische) wegen ihrer schlangenartigen Gestaltung, theils
wegen anderer abstoßender Eindrücke, die sie für die Vorstellungen jener Zeit
hatten, als den Nephesch d. h. die menschliche Person verunreinigend be=
trachtet werden, wenn sie zur Speise dienen. Ja, das Aas unreiner Thiere
erweckt einen solchen Abscheu, daß schon dessen bloße Berührung als ebenso ver=
unreinigend verboten wird, wie der förmliche Genuß derselben, wenn sie von
Menschenhand getödtet worden (Lev. 11, 8). Dies allein beweist schon, daß
hier von einer wirklichen Verthierung des Menschen, von einer an sich entsitt=
lichenden, die Seele befleckenden Handlung keine Rede, sondern blos vom
Scheine einer solchen Befleckung, von einer Gemeinschaft, welche die sittliche
Würde des Menschen in ihrem äußeren Ansehen herabwürdigt. Ohnedin
würde die wirkliche sittliche Verunreinigung hier eben so wohl, wie dies aus=
drücklich Lev. 18, 26. bei dem Verbot der Blutschande geschieht, auch dem
Fremdlinge untersagt werden, während das Fleisch eines Gefallenen dem
Fremdling geradezu zu essen gestattet wird (Deut. 14, 21). Bezeichnend ist es
auch, daß die Schrift dem sittlichen Verbrechen die Kraft beilegt, den Boden zu

verunreinigen (Lev. 18, 25. 27. Num. 35, 34), in Bezug auf verunreinigende Speisen aber nur von Verunreinigung der menschlichen Person spricht. Auf gleicher Grundlage beruht auch die Verunreinigungskraft der menschlichen Leiche und überhaupt das vielgestaltige Gesetz über Reinheit und Unreinheit. Diese Art von Unreinheit kann eine „levitische" genannt werden, weil sie mit der Priesterlichkeit Israels, die auch eine sorgfältigere Wahrung der persönlichen Würde erfordert, eng zusammenhängt. Eben darum werden die betreffenden Gesetze für den wirklichen Priesterstamm theils verschärft, theils wiederholt (Lev. 21, 1. 22, 8). Nur das Verbot des Blutgenusses, wobei der Ausdruck von Verunreinigung in der That nicht gebraucht wird, erscheint wie ein förmliches Sittengesetz und erstreckt sich auch auf die Fremdlinge, wie es überhaupt schon Noah geoffenbart worden (Lev. 17, 10. 13), indem das Blutessen die Raubgier auf das Schärfste ausprägt. In diesem Punkte geht das Gesetz in seinem Zartsinne so weit, das Bedecken des Blutes geschlachteter Thiere anzuordnen (Lev. 17, 13), als ob schon der Anblick des vergossenen Blutes die höhere Natur im Menschen beleidigen müßte.

129. Durch die verläumberische Nachrede wird die fremde sittliche Würde herabgesetzt und zugleich die eigene in der schändlichsten Weise verletzt; sie gehört daher zu den unsittlichsten Handlungen. Noch Schlimmeres als der Verläumder begeht der Verführer; denn Letzterer erzeugt das Böse, das Ersterer an Andern blos erdichtet.

Du sollst von deinem Nächsten kein falsches Zeugniß ablegen. Exod. 20, 14. Der Frevler Worte sind ein Lauern auf Blut. Sprüche Sal. 12, 6. Der Verführer verdient nach Deut. 13, 9. keine Schonung und keine Entschuldigung. Der Frevler berückt seinen Nächsten und verleitet ihn auf gefährlichen Weg. Sprüche Sal. 16, 29.

130. Die Achtung vor der eigenen und fremden sittlichen Würde macht es uns zur Pflicht, von Niemanden eher Böses zu glauben, als bis unwiderlegliche Zeugnisse dafür sprechen, und überhaupt in unserem Urtheile über Andere die möglichste Milde walten zu lassen.

Laß im Urtheile über jeden Menschen das überwiegen, was zu dessen Gunsten spricht. Aboth 1, 6. Verurtheile deinen Nächsten nicht eher, als bis du an seiner Stelle dich befindest. Ebendas. 2, 4.

Die Unverletzlichkeit des menschlichen Wortes.

131. Zu den wunderbarsten Vorzügen des Menschen gehört die Sprache, das unmittelbarste äußere Zeichen seiner Gottähnlichkeit. Der Mißbrauch des Wortes ist daher eine Schändung des Heiligthums auch dann, wenn keine Verläumdung dabei stattfindet. Durch jede u n w a h r = h a f t e oder u n r e i n e Rede wird das Wort geschändet.

132. Eine solche Schändung ist jede Lüge, Falschheit, Glattzüngigkeit und Wortbrüchigkeit, wenn auch der Name Gottes nicht damit verbunden wird; eben so die Ohrenbläserei und Zwischenträgerei, die boshafte, spottsüchtige und unzüchtige Rede.

Ihr sollt euch nicht einander belügen. Levit. 19, 11. Der Verkehr des Weisen ist in Treue und Wahrhaftigkeit; sein Nein ist nein, sein Ja — ja! Maim. Deoth, 5, 13. Dein Ja und dein Nein sei ohne Falsch. Sei nicht ein Anderer mit dem Mund und ein Anderer mit dem Herzen. Baba Mezia 49 a. Falsch reden sie Einer mit dem Andern, mit gleisnerischen Lippen, doppelsinnig reden sie. Psf. 12, 3. Geh' nicht als Anbringer unter deinem Volke umher, Lev. 19, 16. Die üble Nachrede, welche blos die Schande des Nächsten erstrebt, ist eine der schwersten Sünden, wenn sie auch Wahrheit enthält. Maim. Deoth 7, 2. Vergl. Pesachim 113 b. Heil dem Manne, der nie ging im Rathe der Frevler und auf dem Wege der Sünder nie verweilte und im Sitz der Spötter niemals saß. Psf. 1, 1. Die Verunreinigung des Mundes durch zuchtlose Reden ist eine Sünde, welche namenloses Unheil in der Welt anrichtet. Sabbath 33 a.

Die Unverletzlichkeit des menschlichen Eigenthums.

133. Das Eigenthum des Menschen darf als ein ihm von Gott Zugemessenes von Niemanden angetastet werden. Jeder widerrechtliche Eingriff in dasselbe ist eine an Gott selbst begangene Veruntreuung.

Du sollst nicht stehlen. Exod. 20, 13. Wenn Jemand sündigt
und eine Untreue an Gott begeht, indem er seinem Nächsten Anver=
trautes ableugnet oder sonst Eingehändigtes oder durch Raub oder er
enthält seinem Nächsten Etwas vor, oder er hat Verlorenes gefunden
und leugnet es ab ... so gebe er zurück das Geraubte oder Vorent=
haltene oder Anvertraute oder Gefundene. Levit. 5, 21–23.

134. Auch Wucher, Uebervortheilung, Unredlichkeit in Maaß und
Gewicht und Nachlässigkeit im Zahlen eines Darlehens und des Lohnes
für geleistete Dienste ist Eigenthumsverletzung und dem Diebstahle gleich
zu achten.

Du sollst deinem Nächsten nichts vorenthalten und nichts rauben.
Nicht über Nacht bleibe der Arbeitslohn des Miethlings bei dir bis zum
Morgen. Levit. 19, 13. Ihr sollt nicht Unrecht thun im Gericht,
im Längenmaß, im Gewicht und im Hohlmaß. Levit. 19, 35. Wenn
du Geld leihst meinem Volke, dem Armen neben dir, so sollst du ihm
nicht sein wie ein Schuldherr, ihm keinen Wucher aufbürden. Exod.
22, 24. Der Frevler borgt und zahlt nicht. Ps. 37, 21.

135. Derjenige Besitz, der zur Lebenserhaltung eines Menschen
unentbehrlich ist, darf ihm nicht vorenthalten werden, wenn auch ge=
gründete Ansprüche dazu vorhanden sind. In diesem Falle ist die Vor=
enthaltung einem Angriffe auf das Leben selbst gleich zu achten.

Wenn du das Kleid deines Nächsten pfändest — bis zum Unter=
gang der Sonne müssest du es ihm zurückgeben; denn dies ist seine
einzige Bedeckung, dies sein Kleid für seinen Leib — worunter soll
er liegen? Exod. 22, 25, 26. Man pfände nicht Mühle oder Mühl=
stein; denn man pfändet das Leben. Deut. 24, 6.

136. Doppelt strafbar ist jede Rechtsverletzung an schutz= und hilflos
dastehenden Personen. Gegen solche sind wir ganz besonders nicht blos
zur Gerechtigkeit, sondern auch zur Mildeübung verpflichtet. Nur darf
solche Milde nicht auf Kosten der Gerechtigkeit geschehen.

Du sollst nicht beugen das Recht des Fremdlings, der Waise, und nicht pfänden das Kleid der Wittwe. Deut. 24, 17. Wenn du Lese hältst in deinem Weinberge, so sollst du hinterher nicht nachlesen; dem Fremdling, der Waise und Wittwe soll es sein. Deut. 24, 21. Den Armen sollst du nicht begünstigen in seinem Streite. Erod. 23, 3.

137. Die Gerechtigkeit erfordert, den Nächsten in seinem Eigenthum nicht nur nicht anzugreifen, sondern auch zu schützen und vor Schaden zu bewahren, und zwar auch dann, wenn der Eigenthümer uns ferne und selbst feindlich gegenüber steht.

Triffst du den Ochsen deines Feindes oder seinen Esel umherirrend, so sollst du ihm denselben zurückbringen. Erod. 23, 4.

Anm. Der leitende Grundsatz für das Verhalten gegen den Mitmenschen lautet: Thu' deinem Nächsten das nicht, was du dir selbst nicht gethan haben willst. Das ist — so lehrt Hillel — der Text der Thorah, alles Andere blos Commentar. Sabbath 31 a.

138. Der Mensch soll aber auch den eigenen Besitz als das ihm von Gott Beschiedene heilig halten, daher nur einen zweckmäßigen Gebrauch von demselben machen und jede Verschwendung, jeden übertriebenen Prunk und Luxus meiden und selbst Mildthätigkeit nur nach Maßgabe der ihm verliehenen Kräfte üben.

Die Gerechten scheuen keine körperliche Anstrengung, sich das eigene Gut zu erhalten, weil ihre Hände rein sind vom fremden Gute. Cholin 91 a. Der Mensch verlange für seinen Körper blos das zu seiner Erhaltung Erforderliche und verschleudere sein Vermögen nicht und gebe selbst Almosen nicht in größerem Maße, als seine Verhältnisse es gestatten. Maim. Deoth 1, 4.

Die Unverletzlichkeit der Ehe.

139. Es gibt keine wichtigere, heiligere und innigere Verbindung zwischen Menschen, als die Ehengemeinschaft, durch welche Mann und

Weib für die ganze Lebensdauer in Liebe und Treue sich einander weihen und zu eigen machen, um die hocherhabenen Endzwecke des Schöpfers zu erfüllen und im Streben nach Allem, was der Mensch zu seiner Wohlfahrt bedarf, sich gegenseitig zu unterstützen bis zum letzten Odemzuge. Die Ehe ist eine wahrhaft göttliche Anstalt, die zwei Personen zu Einer Person werden läßt, die irdische Zuneigung durch die sittliche Macht im Menschen adelt, das Herz aus dumpfer Selbstsucht zu opferreicher Liebe erweckt, die theuersten und kostbarsten Güter theils gegen drohende Gefahren schützt, theils erst in's Dasein ruft und von deren Unverletzlichkeit das Heil der Familien, wie der Gesellschaft im Großen und Ganzen abhängt.

Und Gott sprach: Es ist nicht gut das Sein des Menschen in seiner Vereinsamung; ich will ihm eine Gehülfin geben neben ihm. Genes. 2, 18. Darum verläßt der Mann seinen Vater und seine Mutter und schmiegt sich an sein Weib und sie werden zu Einem Fleische (Einer Person). Genes. 2, 24.

140. Der Ehebund ist aber auch dann schon entweiht und in seiner sittlichen Grundlage tief erschüttert, wenn die Gatten aufhören, in inniger und opferungsfähiger Theilnahme sich einander zuzuwenden, und vielmehr Kälte, Entfremdung und Unfriede zwischen sich herrschen lassen; sie gleichen dann einem in sich zerrissenen Menschen, der die Hand selbstmörderisch nach der eigenen Person ausgestreckt.

141. Die Ehe muß eben sowohl von den Gatten selber, wie von andern Personen heilig gehalten werden. Der Ehebruch gehört zu den schwersten Verbrechen, von welcher Seite er auch immer ausgehen mag.

Du sollst nicht ehebrechen. Exod. 20, 13.

142. Ein Mann darf eben so wenig gleichzeitig mehr als Ein Weib haben, als eine Frau mehr als Einen Mann. In beiden

Fällen sind die sittlichen Grundlagen der Ehe zerstört und wird deren Bestimmung, die Verbundenen zu Einer Person zu machen, Hohn gesprochen.

Anm. Die Vielweiberei ist nach mosaischen Grundsätzen verboten, wenn auch, wie noch viele andere tiefgewurzelte sittliche Uebel, in Rücksicht auf herrschende Sitten gesetzlich geduldet. Zizchak hatte nur Ein Weib. Dasselbe wird mit gutem Grunde auch von den Propheten vermuthet. Der Hohepriester durfte nach einer nachbiblischen Verordnung gleichfalls nur Eine Frau in einer Zeit ehelichen (Maim. Issure Biah 17, 13) und endlich wurde von einer Rabbinersynode die Unsitte der Vielweiberei jedem Israeliten bei Strafe des Bannes verboten.

143. Die Ehescheidung wird von Gottes Gesetz nur im Falle einer schmachvollen Befleckung der ehelichen Treue gutgeheißen. Außerdem ist sie eine gottmißfällige Handlung.

Vergl. Teut. 24, 1. Er haßt Entlassung, spricht der Ewige, der Gott Israels. Malachi 2, 16. Der göttliche Altar weint Thränen über die Verstoßung des ersten Weibes. Gittin 90 b.

144. Das Gebot strenger Zucht und Sitte gilt nicht blos vom ehelichen Leben, sondern überhaupt vom Umgange zwischen Personen verschiedenen Geschlechtes. Solche Zucht und Sittenreinheit ist der schönste Schmuck der Jungfrau und der mächtigste Hebel für die Kraftblüthe des Jünglings, während die Mißachtung derselben die jugendliche Schöne und Thatkraft zernagt, frühzeitig zu leiblicher und geistiger Entnervung führt, oft namenlose Leiden und immer Schande vor Gott und Menschen in ihrem Gefolge hat. In keinem Stamme wurde dieses strahlende Kleinod mit solcher Strenge gehütet, wie in Israel seit uralten Zeiten; es gehört zum Besten und Edelsten, was wir von unsern Vätern ererbten.

Anm. Ein buhlerisches Weib durfte kein Priester ehelichen (Levit. 21, 7). Ein feiler Bube wird Deut. 23, 19 geradezu ein Hund genannt. Um der Keuschheit willen wird dem Manne das Anlegen von Frauenkleidern, wie dem Weibe das Anlegen von Männerkleidern als ein Gräuel Gottes verboten. (Deut. 22, 5.)

Das gegenseitige Verhalten zwischen Eltern und Kindern.

145. Kinder sollen in ihren Eltern, als ihren höchsten irdischen Wohlthätern und dem sichtbaren Quell ihres Daseins das Spiegelbild Gottes, des unsichtbaren Urquelles aller Liebe und alles Lebens, ehren und hochachten. Diese Ehre ist der Grund- und Eckstein der Wohlfahrt der Familien und der Staaten.

Ehre deinen Vater und deine Mutter, damit du lange lebst auf dem Erdreiche, das der Ewige, dein Gott, dir gibt. Erod. 20, 12.

146. Wer Vater und Mutter ehrt, ehrt zugleich Gott; wer sie schändet, schändet auch den göttlichen Namen.

Die Ehrfurcht vor den Eltern steht mit der vor Gott im innigsten Zusammenhange. Drei sind die Eigenthümer des Menschen: Gott, Vater und Mutter, und wo Vater und Mutter, meine Miteigenthümer, geehrt werden, da — so spricht Gott — wird auch mir Wohnung gegeben und Verehrung gezollt. Kivuschin 30 b. Ein Auge, das des Vaters spottet und den Umgang mit der Mutter verschmäht — das müssen die Raben des Thales aushacken, das müssen die jungen Adler fressen. Sprüche Sal. 30, 17.

147. Die, den Eltern gebührende Ehre verpflichtet die Kinder, ihren Befehlen in Allem, was das Gewissen gestattet, zu gehorchen und weder im Thun, noch im Reden Trotz zu bieten, ihre Ermahnungen wie eine Stimme Gottes zu beherzigen, ihren Wünschen mit der innigsten Liebe zuvorzukommen, ihnen nach äußerster Möglichkeit das Leben zu versüßen und Kummer zu ersparen, namentlich ihr Greisenalter mit größter Selbstverleugnung zu stützen und zu pflegen und selbst nach ihrem Tode noch ihr Andenken, ihren Namen und ihren Willen in Ehren zu halten.

Bewahre, mein Sohn, das Gebot deines Vaters und verlaß nicht die Belehrung deiner Mutter; knüpfe sie auf dein Herz beständig, binde sie um deinen Hals. Sprüche Sal. 6, 20, 21. Man nenne niemals verstorbene Eltern, ohne ihr Andenken zu segnen und sie selig zu wünschen. Kiduschin 31 b.

Anm. An dem eben angeführten Orte zählen die Rabbinen unter die Pflichten gegen Eltern: den für Letztere bestimmten Platz weder sitzend, noch stehend einzunehmen.

148. Selbstverständlich dagegen steht Gottes Gebot über Menschengebot und darf der Wunsch von Eltern, wenn sie Sündenhaftes fordern, nicht vollzogen werden.

Fordert der Vater vom Kinde, Gefundenes dem Eigenthümer nicht zurückzugeben oder den Sabbath zu schänden, so darf ihm kein Gehör gegeben werden. Jebamoth 6 a.

149. Diese Eigenschaft der Eltern, ihren Kindern das Abbild des himmlischen Schöpfers und Wohlthäters zu sein, legt aber auch ihnen eine schwere Verantwortlichkeit im Verhalten gegen ihre Sprößlinge auf die Schulter; sie sind verpflichtet, ihre Söhne und Töchter frühzeitig dem Bunde Abrahams zu weihen, für die israelitische Lehre und den israelitischen Beruf zu entflammen, mit dem Aufgebote aller ihrer Kräfte ihre leibliche, geistige und religiöse Erziehung zu fördern, sie durch Unterweisung und das eigene leuchtende Beispiel und mit verständiger, die wohlgemeinte Zucht nicht verschmähender Liebe auf den Pfad der Wahrheit und Gerechtigkeit zu leiten, ihnen die Bahn zur Selbstständigkeit ebnen zu helfen und endlich auf das Strengste Alles zu vermeiden, was der Achtung und Ehrfurcht vor ihrer Person Abbruch thun könnte.

Du sollst sie (Gottes Worte) einschärfen deinen Kindern. Deut. 6, 7. Ich erwählte ihn (den Abraham), damit er befehle seinen Kindern und seinem Hause nach ihm, daß sie wahren den Weg des Ewigen, Recht und Gerechtigkeit üben. Genes. 18, 19. Züchtige deinen Sohn, da noch Hoffnung ist; so darfst du seinen Tod nicht wünschen.

Der Ungestüm wächst, so du die Strafe erläffeft; denn wenn du schonft, desto mehr nimmt er zu. Sprüche Sal. 19, 18. 19. Man soll seinen Sohn ein Handwerk lehren (einen tüchtigen Erwerbszweig ergreifen) und nach Einigen sogar in der Schwimmkunst unterrichten lassen. Kiduschin 29 a.

150. Eltern, die ihren Kindern ein böses Beispiel geben, begehen die freventlichste Schändung des göttlichen Namens, indem sie die Würgengel derer werden, welchen sie als Abbild Gottes erscheinen und ein strahlendes Vorbild in allem Guten sein sollen.

Unverletzlichkeit der Gesinnung.

151. Gotteslehre fordert neben der reinen That auch eine lautere Gesinnung. Der Mensch kann freilich nicht verhindern, daß ihm der Trieb nach dem Bösen innewohne, aber dieser Trieb darf nicht dahin gelangen, sein Herz zu vergiften, seinen Willen zu bestimmen. Schon das Wollen des Bösen ist Sünde, wenn es auch nicht zur That wird. Andere Gesetzgebungen haben blos die gesellige Ordnung und daher nur die Unterdrückung der schädlichen Handlung im Auge, Gottesgesetz aber verlangt sittliche Heiligung und bringt darum auch auf Reinheit des Herzens.

Du sollst nicht gelüsten nach dem Hause deines Nächsten. Exod. 20, 14. Vor aller Hut wahre nur dein Herz, denn von ihm sind die Ausgänge des Lebens. Sprüche Sal. 4, 23. Wer darf den Berg des Ewigen besteigen, wer stehen an seiner heiligen Stätte? Wer reiner Hände und lautern Herzens ist. Pf. 24, 3. 4.

Das Verhalten gegen Lehrer und Greise.

152. Auch gegen den Lehrer ist von Seiten des Schülers ein ehrfurchtvolles Benehmen zu beobachten. Man soll ihn hochachtungsvoll

begrüßen, ihm im Urtheile nicht vorgreifen, seine Unterweisung hoch-
halten, seiner Zurechtweisung nicht Trotz bieten und die möglichste
Dienstbeflissenheit ihm erweisen.

Die Ehrfurcht vor deinem Lehrer sei gleich der Ehrfurcht vor dem
Himmel. Aboth 4, 12. Dem Vater haben wir als solchem blos
das zeitliche Leben zu verdanken, dem Lehrer — das ewige Leben.
Baba Mezia 33 a.

153. Zu den strahlendsten Zeugnissen des tiefsittlichen Geistes unserer
Religion gehört ihre nachdrucksvolle Einschärfung der Ehrfurcht vor dem
Greisenalter. Der Greis besitzt einen schwächlichen, dem Grabe
zuwankenden Körper und sinkt gar häufig bis zur Hilflosigkeit des Kindes
hernieder, aber in dieser welkenden Hülle lebt ein ewigdauernder, gott-
entstammter Geist, der in der Regel kostbare Schätze an Erfahrungen
und Lebensweisheit in sich birgt und nur einem höheren Ziele entgegen-
eilt. Die rohe Sinnlichkeit sieht nur auf die Hülle, und der blühende
Jüngling und kräftige Mann gilt ihr daher weit mehr, als der hinfällige
Greis; die Ehrfurcht vor dem Uebersinnlichen und insbesondere vor dem
unsichtbaren Allgeiste muß dagegen auch die Ehrfurcht vor dem göttlichen
Geiste, der in der zerbrechlichen Hütte des Leibes wohnt, nur um so mehr
steigern, je mehr derselbe dem Ziele seiner irdischen Laufbahn und der
Vollendung seines Tagewerkes zureift. So verwandelt sich hier das
edle Erbarmen, welches Mosis Lehre überall besonders gegen Schwache
und Hilflose einschärft, in die innigste Hochachtung und tiefste Ehrerbie-
tung, und wird diese Ehrfurcht in der Schrift als eine nothwendige
Folge der Ehrfurcht vor Gott hingestellt.

Vor einem Greise sollst du aufstehen und ehrerbietig sein gegen
einen Alten und dich fürchten vor deinem Gotte. Ich bin der Ewige.
Levit. 19, 32. Rabbi Jochanan erfüllte diese Vorschrift auch einem
greisen Heiden gegenüber. Kidusch. 33 a.

Das Verhalten gegen die Staatsgemeinschaft.

154. Die Schrift empfiehlt mit großem Nachdrucke Liebe auch gegen den nichtisraelitischen Fremdling und gestattet in Bezug auf Heilighaltung des Menschen in seiner Person und seinem Eigenthume durchaus keinerlei Einschränkung auf die besondere Volksgenossenschaft. Nichts desto weniger erweitert sich der Kreis unserer Pflichten gegen Diejenigen, an welche uns engere Bluts- oder Geistesbande ketten, mit welchen wir in einer innigern Lebensgemeinschaft stehen und auf deren Schutz und Beistand im Streben nach zeitlicher und ewiger Wohlfahrt wir zunächst angewiesen sind. Wie daher gegen die Familie im engsten Sinne des Wortes unsere Obliegenheiten sich steigern, so auch gegen die Staatsfamilie, gegen eine Gemeinschaft, die unsere Rechte schirmt, unseren Kräften und Fähigkeiten Raum zur Entfaltung gibt und deren Gesetze und Anstalten wie Mutterarme uns schützend umschlingen. Das Volk, in dessen Mitte wir leben, hat somit weit größere und nähere Ansprüche auf unsere opferreiche Liebe, als die übrigen Theile der Menschheit, und es muß uns vor Allem am Herzen liegen, sein Wohl zu fördern, seine materielle, geistige und sittliche Blüthe zu erhöhen, in Zeiten der Noth an seiner Vertheidigung Theil zu nehmen und seine Gesetze, wie deren Handhaber zu ehren.

Suchet das Heil der Stadt, wohin ich euch vertrieben und betet für sie zum Ewigen; denn mit ihrem Wohle wird euch wohl werden. Jer. 29, 7. Die Richter sollst du nicht lästern und einem Fürsten in deinem Volke nicht fluchen. Exod. 22, 27. Wer sich der Zahlung des, von der Obrigkeit festgesetzten Zolles entzieht, begeht einen Diebstahl, die Obrigkeit mag eine jüdische oder nichtjüdische sein. Maim. G'selah 5, 11. (Vergl. Deuter. 21, 23).

Das Verhalten gegen Sterbende und Todte.

155. Wie ein nur noch schwachglimmender Funke durch die geringste

Bewegung und den leisesten Hauch ausgelöscht werden kann, so auch das Leben eines Sterbenden. Es heißt aber einen Mord begehen, das Leben eines Menschen auch nur um einen Augenblick zu verkürzen, und so muß denn jede Handlung, jedes Wort und jede Bewegung sorgfältig gemieden werden, wodurch der Sterbende irgendwie beunruhigt und der Eintritt des Todes beschleunigt werden könnte. Zu solchen beunruhigenden Handlungen ist besonders der Ausbruch des Schmerzes am Sterbebette zu zählen, wie die Unsitte, dem Erblassenden in seinen letzten Augenblicken die Gegenwart der Liebsten und Theuersten zu entziehen, deren Anblick und Händedruck ihm gerade jetzt das glühendste Bedürfniß ist.

156. Sanft und milde und in der schonendsten Weise soll der Sterbende ermahnt werden, seinen Blick auf den Allerbarmer zu lenken und ihn um Gnade, Hilfe und Vergebung anzuflehen und sein Geschick dem einig-einzigen Gotte Israels anzuvertrauen. Indeß ist nach alter Vorschrift die Ermahnung beizufügen, daß schon Viele in solcher Weise ihre Rechnung mit der Erde abgeschlossen haben und gleichwohl wieder genesen sind.

S. Schulchan Aruch Jore Deah 338 u. 339.

157. Auch nach scheinbar eingetretenem Tode darf, so lange die Möglichkeit des bloßen Scheintodes vorhanden ist, nichts unternommen werden, was das Wiedererwachen zum Leben erschwert oder gar verhindert, oder endlich — was das Schlimmste wäre — den Wiedererwachenden hilflos dem grauenhaftesten Loose preisgeben könnte.

158. Allzurasche Beerdigungen sind daher ein Verbrechen, es sei denn, daß Fäulniß, das sicherste Zeichen des eingetretenen Todes, stattfindet.

Anm. Als nach allgemeiner Sitte die Leichen in Grüften beigesetzt wurden, mußten sie drei Tage lang besichtigt werden, weil möglicherweise ein Wiedererwachen zum Leben stattfinden könnte.

159. Ist dagegen der Tod sicher eingetreten, so darf die Beerdigung nicht länger verzögert werden, als deren Vorbereitung zur Ehre des Verblichenen erfordert; denn die Achtung vor der Menschennatur ge= bietet, die entseelte Hülle dem Auge baldmöglichst zu entziehen und dem Schooße der Erde, dem sie entstammt, zurückzugeben.

(Sanhedrin 46 a.)

160. Auch die Leiche des Menschen muß als ehemalige Wohnung des gottentstammten Geistes mit Ehre behandelt werden. Es ist daher Pflicht, dieselbe zu reinigen, mit angemessenen Gewändern zu versehen und zur letzten Ruhestätte zu begleiten, sowie jedes unanständige Ver= fahren mit derselben und namentlich den Mißbrauch, sie auf Stroh oder auf den Boden zu legen, zu unterlassen. Doch soll bei der Bestattung der Todten und überhaupt auf den Friedhöfen nach einer ehrwürdigen Sitte in Israel jeder Prunk, jeder Unterschied zwischen Reichen und Armen streng gemieden werden.

(Moed Katan 27 a.).

161. Für das Seelenheil theuerer Verstorbener während des Trauer= jahres und am Gedächtnißtage ihres Todes zu beten, ist ein frommer Brauch, den auch wir heilig halten sollen.

Anm. Auch zur Zeit der Makkabäer wurden für das Seelenheil Verstorbener Gebete verrichtet und Opfer dargebracht. (2 B. Makk. 12, 39—44.)

162. Letztwillige Verfügungen sollen, so weit Recht und Gewissen es gestatten, pünktlich vollzogen werden.

Und Moses nahm die Gebeine Josephs mit sich; denn dieser be= schwor die Kinder Israels, sprechend: Gott wird euerer gedenken; dann nehmet meine Gebeine hinauf mit euch. Exod. 13, 19.

163. Die Trauer läßt sich nicht gebieten und braucht auch nicht geboten zu werden; sie ist beim Tode der nächsten Blutsverwandten ein Gefühl, das nur thierische Roheit verleugnen kann; wohl aber ist es

Sache der Religion, die Aeußerungen der Trauer in Uebereinstimmung mit der menschlichen Würde zu bringen und daher einerseits die Zeichen eines wilden Schmerzes, wie das Zerreißen der Kleider und das Sitzen auf dem Boden, zu verwerfen, andererseits aber die Kundgebung rein= menschlicher Schmerzempfindungen zu empfehlen und demgemäß anzu= ordnen, daß der Leidtragende während einiger Tage nach dem Erleiden des bittern Verlustes das Andenken an den Beweinten durch häuslichen Trauergottesdienst und Unterlassung des geschäftlichen Betriebes heilig halte.

Und Moses sprach zu Ahron und Eleasar und Ithamar, seinen Söhnen: euer Haupthaar sollt ihr nicht entblößen und euere Kleider nicht zerreißen, daß ihr nicht sterbet und Er (Gott) über die ganze Gemeinde zürne; euere Brüder aber, das ganze Haus Israel, soll den Brand beweinen, den Gott angezündet. Levit. 10, 6.

XIV.
Heilighaltung der Natur.

164. Nicht blos den Menschen, sondern die Natur überhaupt sollen wir als ein Werk Gottes in ihrem Dasein und ihrer von Gott festge= stellten Ordnung ehren und heilig halten, somit alle störenden Eingriffe in dieselbe, wenn das menschliche Bedürfniß es nicht dringend erfordert, unterlassen, selbst die thierische Empfindung möglichst schonen und wider= natürliche Vermischungen in der Pflanzen=, Thier= und Menschenwelt verwerfen.

Anm. Im früheren Kapitel handelte es sich um die menschliche Person in der Eigenschaft eines im göttlichen Ebenbilde geschaffenen Wesens; hier aber kömmt mehr die thierische Seite des Menschen mit dem, ihr innewohnenden Naturgesetz in Betracht und handelt es sich um Verbote, die in der Rücksicht weniger auf die höhere Menschenwürde, als auf das Naturgesetz überhaupt ihre Begründung haben.

Störende Eingriffe in die Natur.

165. Der Mensch ist von Gott darauf angewiesen und daher vollkommen berechtigt, die Natur zu seiner Erhaltung zu gebrauchen und das vernunftlose Wesen zu beschädigen und selbst des Lebens zu berauben; er ist zum Herrscher berufen über die Fische des Meeres, über das Geflügel des Himmels und alles Gethier auf Erden (Genef. 1, 28), aber diese Herrschaft darf nicht in Willkür und Grausamkeit ausarten, und jede über das wahre menschliche Bedürfniß hinausgehende Verstümmelung von Wesen, worin Lebenskraft treibt und waltet, ist als grausame Schändung der göttlichen Werke verboten. Es darf daher kein Fruchtbaum selbst im Kriege und im Feindeslande umgehauen, kein Thier nutzlos gequält, übermäßig angestrengt oder auch nur in einem peinlichen Zustande erbarmungslos sich selbst überlassen werden.

Wenn du eine Stadt belagerst lange Zeit, gegen sie zu streiten und sie zu erobern, so sollst du ihre Bäume nicht zerstören, daß du mit der Art daran fahrest; denn du kannst wohl davon essen, darfst sie aber nicht umhauen. Ist der Baum des Feldes ein Mensch, daß du dagegen anrennest? Deut. 20, 19. So du siehst den Ochsen deines Feindes oder seinen Esel unter seiner Last erliegen, hüte dich, es ihm zu überlassen, verlassen sollst du (den Ort) mit ihm. Erod. 23, 5. Am siebenten Tage sei ein Ruhetag dem Ewigen, deinem Gotte. Du sollst keinerlei Arbeit verrichten, du oder dein Sohn oder deine Tochter, dein Knecht oder deine Magd oder dein **Vieh** oder dein Fremdling in deinen Thoren. Erod. 20, 10. Vergl. Baba Mez. 31 a.

Anm. Nach Maimonid. Moreh III. 48. beruht der Schlachtritus auf dem
Streben nach möglichster Schonung des Thieres, indem man das Schlachten
in herkömmlicher Weise für die leichteste und am Wenigsten schmerzliche Töd-
tungsart hielt. Daß übrigens die Bibel das ritualmäßige Schlachten noch
nicht kennt, beweist die Art, wie der Priester nach Levit. 1, 15 mit dem Tauben-
opfer zu verfahren hatte, dem er den Kopf a b k n e i p e n sollte. Die Rabbinen
wollen dies freilich blos als Ausnahme in Bezug auf den göttlichen Altar oder
auf Geflügel überhaupt gelten lassen. (Vergl. Nasir 29 a).

Schonung der inneren thierischen Empfindung.

166. Selbst die innere Empfindung des Thieres soll geschont wer=
den und nichts geschehen, was demselben Seelenleiden ohne Noth ver=
ursacht.

Wenn sich ein Vogelnest vor dir trifft auf dem Wege, an irgend
einem Baume oder auf der Erde, Junge oder Eier und die Mutter
lagernd auf den Jungen oder Eiern, so sollst du nicht nehmen die
Mutter sammt den Jungen. Entlassen sollst du die Mutter, und
die Jungen dir nehmen, damit es dir wohlergehe und du lange lebest.
Deut. 22, 6. 7. Du sollst dem Ochsen das Maul nicht versperren,
wenn er drischt. Deut. 25, 4.

Widernatürliche Vermischungen.

167. Wie die Natur selbst, so sollen wir auch deren von Gott fest=
gesetzte Ordnung ehren und weder die Grenzen der Natur verrücken,
noch deren Endzwecken widerstreben. Als Verrückung der Naturgrenzen
sind verboten:

a. Vermischungen verschiedenartiger Dinge, wie

    1) von zweierlei Saaten zur Bestellung des Feldes,

    2) von zweierlei Thieren, oder gar

    3) von Menschen und Thieren.

    (Levit. 18, 23 und 19, 19).

Anm. Nachmanides sieht in der Paarung verschiedenartiger Wesen, wobei die Fortpflanzung entweder ganz fehlt oder nur verkümmert erscheint, auch einen offenbaren Widerspruch gegen den Naturzweck.

168. Als Verhöhnung des Naturendzweckes sind verboten:

b. Vermischungen des zu Gleichartigen,

1) Die Knaben= und Mannesschande. Levit. 18, 22. und

2) Die Paarung zwischen sehr nahen Blutsverwandten. Levit. 18, 7–17.

Anm. In diesen Fällen ist die Widernatürlichkeit schon in der wenigstens regel-mäßigen, sogar mit Empörung verbundenen Abneigung ausgesprochen. Vergl. übrigens auch Nachmanides zur St.

XV.

Der Sabbath.

---

169. Der Sabbath überragt an Wichtigkeit und Heilkraft alle an= deren Einsetzungen des Judenthums. Er ist Mittelpunkt und Nahrungs= quell für das Streben nach Heiligung des göttlichen Na= mens, nach Heilighaltung des Menschen und der Natur. Einen ceremoniellen Charakter trägt blos die Wahl des siebenten Tages, aber die Sabbathfeier an sich selbst gehört zu den wichtigsten Sittengesetzen, worunter sie in den zehn Sprüchen ihren Platz findet, und hat ihre volle Geltung auch für die einstige messianische Menschheit.

Gedenke des Sabbathtages, ihn zu heiligen. Erod. 20, 8. Und die Fremdlinge, die sich Gott anschmiegen, ihm zu dienen und den Namen Gottes zu lieben, seine Knechte zu sein, Alle, die den Sab=

bath) wahren, ihn nicht zu entweihen, und die festhalten an meinem
Bunde — ich werde sie bringen nach meinem heiligen Berge und sie
erfreuen in meinem Bethause. Jes. 56, 6. 7.

170. Der Sabbath wird geheiligt durch Ausruhen von aller
Arbeit und gewerblichen Thätigkeit, sowie durch Feier, Gottesweihe,
Richtung der Gedanken auf den Urquell alles Daseins und die höhere
Menschenbestimmung.

Der siebente Tag sei Sabbath dem Ewigen, deinem Gotte. Erod.
20, 10. Sechs Tage sollt ihr es (das Manna) einsammeln, aber am
Siebenten sei Ruhetag. Erod. 16, 26. So du hemmest am Ruhetag
deinen Fuß, nicht verrichtest dein Gewerbe an meinem heiligen Tage, so
du den Ruhetag eine Lust nennest, als ein Heiligthum Gottes geehrt,
und du ihn ehrest, daß du deine Geschäfte nicht verrichtest, deinem
Gewerbe nicht nachgehest und davon redest, dann wirst du Lust haben
an Gott. Jes. 58, 13. 14.

171. Ist auch die Arbeit ein Segen für Leib und Geist, so bedarf
der Mensch gleichwohl einer regelmäßig und zwar in nicht zu großen
Zwischenräumen wiederkehrenden Unterbrechung derselben, um nicht
ganz in das Streben nach seinem sinnlichen Bedarf zu versinken und
den zu vergessen, der den Schweiß seines Angesichtes köstliche Früchte
erzeugen läßt und dem er das Leben und dessen Erhaltung zu verdanken
hat. Erst durch die Ruhe vermag er, sich in das eigene Innere zu ver-
senken und zu seinem Gotte, dem Herrn seiner Arbeit, zu erheben. Zugleich wird er durch dieses Ausruhen in den Stand gesetzt, das vollendete
Werk prüfend zu überschauen und sich die Frage vorzulegen, ob dasselbe
gut und rein und dem göttlichen Willen gemäß sei, wie Gott selber sein
erhabenes Schöpfungswerk am siebenten Tage d. h. nach dessen Vollendung gleichsam prüfend gemustert und gut und rein befunden. Die
Wahl des siebenten Tages soll nach Genes. 2, 3 und Erod. 20, 11 das
Ausruhen Gottes nach vollendetem Werke ausdrücken, womit keineswegs

ein Ruhen im menschlichen Sinne ausgesprochen wird, sondern das
Aufhören, Neues zu schaffen, die Vollendung der unermeßlichen Kette
geschaffener Wesen, die für den göttlichen Plan in aller Zukunft ausrei=
chende Beschaffenheit des Weltalls, kurz die Güte, Lückenlosigkeit und
Vollkommenheit der Schöpfung. Nach dieser ceremoniellen Seite wird
der Sabbath Exod. 31, 17 ausdrücklich ein Z e i c h e n des Bundes mit
Gott genannt, während er im vorangehenden Verse in Bezug auf seine
reinsittliche Bedeutung schlechtweg „ewiger Bund" heißt.

§ 172. Wie die Sabbathruhe= und Feier zur Heiligung des göttlichen
Namens führt, so auch zur Heilighaltung des Menschen. Wer in seinem
Arbeiten und Sorgen für sein zeitliches Dasein keinen Stillstand eintre=
ten läßt, sinkt allmählig immer mehr zum S k l a v e n seiner Arbeit
herunter, und vergißt seine Freiheit und Gottähnlichkeit, seinen hohen
Menschenberuf zum Beherrscher des thierischen Lebens i n und a u ß e r =
h a l b des Vernunftwesens. Erst die Ruhe läßt den Menschen zu sich
selbst, zur Erkenntniß seines ewiglebendigen, gottentstammten Geistes
und zur Hochachtung vor allen Vernunftwesen ohne Unterschied des
Stammes und Bekenntnisses gelangen. Das ist der tiefere Sinn der
Zurückführung des Sabbaths auf die Erlösung aus dem Sklavendruck
Aegyptens, Exod. 5, 15, obgleich die Einrichtung hier ä u ß e r l i c h bloß
für Israel bestimmt erscheint. In der That wird ja gerade dort das
Ruhen der (heidnischen) Sklaven vorzugsweise genannt und der des Is=
raeliten vollkommen gleichgestellt (ebendas. V. 14). Im Uebrigen wird
die hohe Würde des Menschen auch in der ceremoniellen Ausprägung
des Sabbaths klar ausgesprochen, indem dieselbe die Reinheit und voll=
kommene Güte der Schöpfung hervorhebt, und somit die angeborene
Sündenhaftigkeit des Menschen ausschließt, mit dessen Erscheinen am
sechsten Tage die Schöpfung ihren Gipfel, ihre Krone erlangte und Gott
sein Werk geschlossen erklärte.

173. Besonders führt der Sabbath zur Heilighaltung des Familienlebens. Indem die Familienglieder von der zerstreuenden Werkthätigkeit ablassen und zur Pflege süßer Ruhe im Hause sich vereinigen, lernen sie den Werth der süßen Heimath immer mehr schätzen, in ihrer Erhaltung den Zielpunkt der täglichen Mühen erst eigentlich erkennen, in Liebe erglühen gegen Alle, welche opfernd oder empfangend dem trauten Kreise angehören, sich inniger einander anschmiegen, und das Band, das sie umschlingt, immer enger schließen. Darum bringt die Schrift an verschiedenen Orten den Sabbath mit der Familienheiligung in engen Zusammenhang. Der Sabbathfeier hat Israel den uralten Ruhm seiner Familieninnigkeit zu danken.

Jeder soll seine Mutter und seinen Vater ehrfürchten und meine Sabbathe sollt ihr wahren. Levit. 19, 3.

174. Auch auf die Heilighaltung der Natur wird mit der Sabbathfeier hingewiesen, indem der Feiernde zum Gedanken an Gott als den Urquell alles Segens, als den Schöpfer des Weltalls sich erhebt, und daher vom lebhaften Gefühle der Achtung vor allen, auch vernunftlosen Wesen als göttlichen Erzeugnissen ergriffen wird, ja die gebotene Ruhe geradezu auch auf das Thier ausgedehnt wird, ihm Erholung zu gönnen (Exod. 20, 10).

Anm. Noch bestimmter tritt die Unverletzlichkeit der Natur in der symbolischen Bedeutung des Sabbaths hervor, im Gedanken nämlich an die Güte und Vortrefflichkeit alles von Gott Geschaffenen. Was Gott für gut erklärt, darf der Mensch nicht nutzlos verletzen, nicht mißbrauchen. Im zweiten Decalog wird die Ruhe des Thieres (und des Fremdlings) allerdings in unzweideutiger Weise blos dadurch begründet, daß die Arbeit des Thieres auch die Anhaltung des Sklaven zur Arbeit im Gefolge haben würde. Dies beruht aber darauf, daß dort überhaupt auf den Schöpfungssabbath, auf den Gedanken an die Lückenlosigkeit des Weltalls keine Rücksicht genommen wird. — Das Verbot des Feueranzündens am Sabbath (Exod. 35, 3) wird von den berühmtesten Bibelerklärern als Verhütungsgesetz betrachtet, indem die Feuererzeugung zum Kochen und Backen oder zu sonstigen, des Feuers bedürfenden Arbeiten führen könnte. Das mosaische Gesetz hat auch sonstige Verbote von

ähnlicher Eigenschaft, wie das Verbot, Ochs und Esel zusammen pflügen zu
lassen, weil dies zur Paarung führen möchte, und das Kleid des andern Ge=
schlechts zu tragen. Indeß scheint das Feueranzünden deshalb verboten
zu sein, weil Israel in der Wüste dem Molochdienste anhing und gerade am
Sabbath das Feuer in den Wohnungen d. h. außerhalb des Heiligthums zu
solchen gößendienerischen Greulen leicht verleiten konnte. (Vergl. Septuag.
zu Amos 5, 26.)

XVI.

Die Ceremonien.

175. Die Ceremonien sind Gesetze, deren Bedeutung ausschließlich
darin besteht, als Sinnbilder oder Erinnerungszeichen religiöse Wahr=
heiten und Verpflichtungen lebendig zu vergegenwärtigen; sie sind bloße
Mittel zur Erweckung religiöser Empfindungen, während die Sitten=
gesetze ihren Werth in sich selbst tragen. Die sinnliche Natur des Men=
schen bedarf aber auch solcher sinnlicher Erweckungsmittel, um vom
Göttlichen nicht abgelenkt zu werden.

176. Selbstverständlich hat eine Ceremonie allen Werth verloren,
sobald sie aufhört, religiöse Empfindungen zu erwecken, indem sie ent=
weder gedankenlos geübt wird, oder an sich gedankenlos geworden, ihren
religiösen Inhalt verloren. Letzteres ist der Fall, wenn wir die ehema=
lige Bedeutung der Ceremonie, ihren Zusammenhang mit gewissen re=
ligiösen Wahrheiten und Verpflichtungen gar nicht mehr kennen, oder
wenn ein solcher Zusammenhang für unsere Sitten und Anschauungen
wenigstens nicht mehr vorhanden. Ceremonien von dieser Art werden mit
vollem Rechte als t o b t bezeichnet.

177. Die Propheten eifern wiederholt mit großer Entschiedenheit gegen gedankenlos geübte Ceremonien und nennen das Thieropfer und selbst das Fasten am Versöhnungstage werthlos, wenn es nicht zur sittlichen Heiligung führt. Die hohen religiösen Vorstellungen, die in der biblischen Zeit mit dem Thieropfer, mit den Schaufäden und dem Anlegen der Thephillin sich verbanden, sind uns wohl bekannt, können aber für uns nicht mehr naturgemäß in diesen Formen ausgedrückt werden. Ehedem galt das Ausziehen der Schuhe beim Betreten eines Platzes als ein Zeichen der Ehrfurcht, und durfte man daher im Heiligthume nur barfuß erscheinen; für unsere Sitten dagegen hat sich dieses Zeichen der Ehrfurcht in ein Zeichen der Geringschätzung verwandelt.

178. Die Zizith, deren Hauptbestandtheil die himmelblaue Schnur bildet, sollen die Heiligkeit des Menschenleibes als Gotteswohnung und den Priesterberuf Israels vergegenwärtigen; denn auch die wichtigsten Gegenstände des Heiligthums, wie die heilige Lade, der goldene Leuchter, wurden auf der Wanderung mit einer himmelblauen Decke verhüllt, und das Oberkleid Ahron's war von derselben Farbe. Diese Farbensprache ist für uns längst nicht mehr vorhanden, wie denn in der That die himmelblaue Schnur, worauf die Bibel den Hauptwerth legt, schon in der weiten Vergangenheit geschwunden ist, und überhaupt das Zizithgewand — offenbar gegen die biblische Verordnung — blos während der Gebetszeit angelegt wird, außerdem aber durch ein tiefverborgenes kleines Gewand ersetzt sein soll, welches der mosaischen Vorschrift durchaus nicht genügt. — Ob die Bibel das Anlegen von Thephillin überhaupt vorschreibt, ist sehr zweifelhaft. Raschbam, einer der berühmtesten alten Bibelerklärer, will die biblische Stelle: „Binde sie zum Zeichen auf deine Hand und sie seien ein Stirnband zwischen deinen Augen" blos sinnbildlich als Heiligung der That und der Gesinnung aufgefaßt wissen. (Vergl. Ibn Efra zu Erod. 13, 9). Wie dem aber auch sei — in keinem Falle ist der ursprüngliche Inhalt der Thephillin

mehr bekannt und überhaupt diese Form für uns noch ein Ausdruck für Heiligung der Gedanken und der Handlung.

179. Haben im Laufe der Jahrtausende selbst die Sittengesetze der Form nach große Veränderungen erlitten, wie z. B. das mosaische Civil= und Strafrecht, die Art der Almosenspende u. s. w., so ist die Wandelbarkeit der Ceremonien nach den dringenden Bedürfnissen ver= schiedener Zeiten von selbst einleuchtend. Diese Wandelbarkeit wird von der Geschichte unserer Religion denn auch tausendfach bezeugt. Ein sehr großer, ja der überwiegende Theil des mosaischen Ceremonialgesetzes hat entweder alle Kraft verloren oder eine ganz andere Gestalt ange= nommen. Sogar in den biblischen Schriften läßt sich das Zurücktreten des bloßen Religionszeichens vor den Anforderungen der Religion selber oder des Lebens schon nachweisen. So war während des Aufenthaltes in der Wüste der Genuß des Fleisches opferfähiger Thiere, die nicht als Opfer dargebracht worden, bei strenger Strafe verboten, dieses Verbot aber für die Zeit nach der Niederlassung in Palästina gleichzeitig aufge= hoben, weil den, von der ausschließlichen Opferstätte weit entfernt Woh= nenden nicht zugemuthet werden konnte, eine Reise nach dem gemein= samen Heiligthume zu unternehmen, so oft sie Fleisch essen wollten. Während des zweiten Tempels und nach dessen Zerstörung erfuhren aber die Religionsformen durch die veränderten Lebensverhältnisse zahllose Umgestaltungen.

180. Das alte Judenthum nannte die Religionsformen, die ihm ohne vernünftigen Grund erschienen, göttliche Machtbefehle, die dem Menschen ewig unergründlich blieben (Joma 67, 6), und theilte die Gesetze in zwei Klassen: in Vernunftgebote und solche, die ohne Ver= nunftgrund blos auf eine äußere Offenbarung sich stützen; aber schon vor Jahrhunderten hat sich in einzelnen hervorragenden Geistern, wie Jbn Esra und Maimonides, die Ueberzeugung Bahn gebrochen, daß

sämmtliche Gottesgesetze auf einem vernünftigen Grunde ruhen, wenn wir diesen auch nicht immer erkennen, und diese suchten daher im Wider= spruche mit dem Talmud den Grund sämmtlicher Gesetze zu erforschen. Die neuere Bibelforschung hat diese Ansicht außer Zweifel gesetzt und die angeblich unergründlichen Gesetze (wie z. B. den Ritus der rothen Kuh, der jungen Kuh, des Sündenbockes) zum größten Theile vollkommen erforscht; wir hegen die feste Ueberzeugung, daß alle göttlichen Befehle an den f r e i e n W i l l e n des Menschen nur durch den Menschengeist geoffenbart werden, somit diese wenigstens zur Zeit ihrer Entstehung verständlich sein müssen, hingegen alle Heiligungskraft verlieren, sobald sie ihre frühere Bedeutung verlieren oder für uns in ein unergründliches Dunkel sich hüllen.

Anm. Die Speise= und Reinheitsgesetze sind nicht zu den Ceremonien im eigentlichen Sinne zu zählen; sie sind bestimmte Formen sittlicher Ideen, die aber größtentheils auf Vorstellungen beruhen, welche für uns längst ent= schwunden sind. Vergl. oben § 128.

XVII.

Die Festtage.

181. Zu den wichtigsten Erweckungsmitteln gehören die Feste, welche auf das göttliche Walten in Natur und Geschichte, auf den erhabenen Beruf Israels und das hohe Ziel der gesammten Menschenwelt, wie auch auf andere hochwichtige religiöse Wahrheiten hinweisen und gleich= falls (mit Ausnahme der Halbfeiertage) durch Ruhe und Feier sich aus= zeichnen.

Das Pesachfest.

182. Das Pesachfest beginnt am Abende des 14. Nisan, des ersten Monats, und dauert sieben Tage, wovon jedoch nur der Erste und Siebente Ruhetage sind. Es ist der Erinnerung an die Erlösung Israels aus dem Sklavenjoche Aegyptens, an die Geburt unseres Stammes als eines Gottesvolkes geweiht. Der Name des Festes rührt von dem Pesach (Ueberschreitungs)-Opfer her, das in der Erlösungsnacht dargebracht und verzehrt wurde, in welcher Gott Israel von der über die Dränger hereingebrochenen Pest verschonte und das Verderben die Häuser der zu Erlösenden übersprang. (Vergl. oben § 34).

183. Das Pesachmahl war ein Mahl des Bundes zwischen Gott und seinem Volke, eine Feier der Berufung Israels zum Priester Gottes. Das Opfer wurde daher nicht von besondern Priestern, sondern von der gesammten Priestergemeinde dargebracht und in jedem Hause gegessen, so wie das Opferblut an Pfosten und Oberschwelle jedes israelitische Haus zum Gottesaltare weihte. Und so ist es heute noch Pflicht für jeden Israeliten, am Abende des Festeinganges sich mit seiner Familie zur innigen Hausandacht, zur Feier der Erlösung und Erwählung unseres Stammes zu vereinigen.

184. Während der ganzen siebentägigen Dauer des Festes sollen wir nur ungesäuertes Brod genießen zum Andenken an die Eile, womit die Dränger selbst unter dem göttlichen Strafgerichte die Sklaven zur Auswanderung trieben und diesen nicht einmal Zeit zur Säuerung ihres Brodes ließen. (Levit. 23, 5. 6.)

185. Am 16. Nißan begann in Palästina die Getraide-Ernte und mußte zur gleichzeitigen Feier des gnadenreichen göttlichen Waltens in der Natur ein Opfer von der neuen Frucht im Omermaße dargebracht werden, vor welchem Niemand von der neuen Frucht Etwas genießen durfte. Die biblische Vorschrift, vom Beginne der Ernte an sieben Wochen zu zählen d. h. zu berechnen und dann den Ernteschluß zu feiern, führte zur Sitte des Omerzählens. Das heilige Wort denkt aber hier eben so wenig an ein wirkliches Zählen, als bei der Anordnung, siebenmal sieben Jahre bis zum Eintritte des Jobel und sieben Tage vom Beginne einer Unreinheit zu zählen.

186. • Der Gebrauch, an diesem, wie an jedem andern Feste (mit Ausnahme des Versöhnungsfestes) zwei Tage statt des vorgeschriebenen Einen Tages zu feiern, beruht auf Folgendem: vor der Bestimmung des Festkalenders wurde in Palästina der Neumond von der Oberbehörde nach Vernehmung von Zeugen über die Beschaffenheit des Mondes in Jerusalem verkündet und den Fernewohnenden durch Boten angezeigt. Wenn die Zeugen das Neulicht in der Nacht vom 29. auf den 30. erblickten, so galt letzterer als Monatsanfang; im entgegenstehenden Falle aber begann der neue Monat erst an dem auf den 30. folgenden Tage. Indem nun die Boten in der weiten Ferne nicht zur rechten Zeit anzulangen im Stande waren, feierte man außerhalb Palästina's des Zweifels halber zwei Tage, um sich die Weihe des rechten Tages zu sichern. Nur das Neujahrsfest, welches am Ersten des Monats beginnt, wurde selbst in Jerusalem zwei Tage gefeiert, wenn die Zeugen des Mondes am 30. Elul erst nach dem Abendopfer kamen, während dagegen bei ihrem rechtzeitigen Eintreffen auch dieses Fest nur Einen Tag begangen wurde. Seit der Bestimmung des Neumondes nach einer feststehenden astronomischen Berechnung hat die Doppelfeier allen Grund und Boden verloren, weshalb in der Neuzeit mit vollem Rechte die Zahl der Festtage in sehr vielen Gemeinden wieder auf das biblische Maaß zurückgeführt worden.

Das Wochenfest (Schabuoth).

187. Am 6. des dritten Monats Siwan findet das eintägige Wochenfest statt, so genannt, weil die Feier ursprünglich auf Dankesem-

pfindungen gegen Gott beim Schlusse der sieben Wochen dauernden Ernte beruhte, weßhalb dasselbe auch „Tag der Erstlinge" heißt. Später verlor das Fest diese ursprüngliche biblische Bedeutung und ward zur Gedächtnißfeier der Gesetzgebung auf Sinai, welche im dritten Monate stattfand, und womit Israel Gott als Erstling seiner Frucht geheiligt worden. (Jer. 2, 3).

In diesem höheren Sinne wird der Zusammenhang zwischen dem Pesach- und Wochenfeste, welchen das Zählen der sieben Wochen ausdrückt, noch weit inniger, indem die Offenbarung auf Sinai der eigentliche Endzweck der Erlösung war und das befreite Israel gleichsam die Tage und Stunden bis zur Empfangnahme des theuern Thorahkleinodes zählen sollte, wie Jemand, der die Ankunft eines geliebten Freundes in glühender Sehnsucht erwartet. (Vergl. Moreh III, 43).

Sieben Wochen sollst du dir zählen; mit dem Anfangen der Sichel am Getraide sollst du sieben Wochen zu zählen beginnen und dann halten ein Wochenfest dem Ewigen, deinem Gotte. Deut. 16, 9. 10.

Das Fest der Zerstörung Jerusalems.

188. Das Andenken an die Zerstörung Jerusalems, wie des Tempels und den Untergang des jüdischen Staates wird am 9. des fünften Monats Ab gefeiert. Das Herz lernt wohl im Laufe der Zeit um den noch so schmerzlichen Verlust eines theuern Todten sich trösten, nicht aber um den Verlust eines geliebten Verschollenen, dessen Rückkunft es für möglich hält oder gar mit heißer Inbrunst täglich und stündlich erwartet. Und so konnten viele, viele Jahrhunderte den bittern Schmerz Israels um sein verlorenes Staatsleben und Gotteshaus auf dem Berge Zion deshalb nicht sänftigen, weil es an die einstige Wiedereroberung dieser Güter als eine wesentliche Bedingung der messianischen Ordnung glaubte, während die bittere Wirklichkeit ihm nur Schmach und Verfolgung brachte, seine Hoffnung nur zu verhöhnen

schien und das heißersehnte Ziel in immer weitere Ferne rückte. Der
neunte Ab war daher für unsere Voreltern in der Zerstreuung ein Tag
der tiefsten Trauer, an welchem das Gefühl ihrer Fremdlingsschaft
unter den Völkern und der geistigen wie zeitlichen Verödung durch den
Gedanken an die entschwundene süße Heimath mit ihren reichen Segnungen bis zum höchsten Grade sich steigerte und in tieferschütternden
Klagen, in Strömen von Thränen seinen Ausdruck fand. Für das
gegenwärtige, auf einer höheren religiösen Entwickelungsstufe stehende
Israel hat jedoch dieses Fest einen andern Charakter angenommen.
Auch wir trauern im Andenken an die beispiellose Leidensgeschichte unseres Stammes seit dem Untergange des jüdischen Staates, nicht aber
um den Verlust des Staates und Tempels selber, in welchen wir f ü r
i m m e r zertrümmerte Heiligthümer erkennen, deren Wiedererlangung
ohnehin gerade in unserem religiösen Interesse gar nicht gewünscht
werden darf; wir erblicken im Aufhören des Opfercultus und der ab-
sperrenden besondern Volksthümlichkeit, im Hinauswandern Israels
unter die Völker eine Entfesselung und Erhöhung unseres Religions-
lebens und zugleich die Grundbedingung für die Erfüllung unserer hohen Sendung, alle Nationen zur Erkenntniß und Verehrung des Einig-
Einzigen zu führen; wir erwarten vom Messiasreiche nicht eine, nur
noch schärfere Trennung zwischen Volk und Volk, sondern die Verschmelzung der ganzen Menschheit zu Einem Gottesvolke. Und so
feiern wir am 9. Ab unter innigem Dankgefühle gegen Gott das Ge-
dächtniß von Ereignissen, womit für unsern Stamm zwar eine bittere
Schmerzenszeit, aber auch die thatsächliche Erfüllung seines Priesterbe-
rufes ihren Anfang nahm und der wandernde Messias die ersten
Schritte that zum großen Werke der Jahrtausende, zum Zermalmen
der Riesengebirge des Heidenthums.

Am Tage der Tempelzerstörung wurde der Messias geboren.
Rabbinen.

Das Neujahrsfest (Rosch Haschanah).

189. In alter Zeit wurde jeder Neumond als Halbfest durch besondere Opfer gefeiert unter Begleitung von Trompetentönen, welche — wie an den Festtagen — zum Angedenken der Gemeinde vor Gott dienen sollten (Num. 10, 10). Da solche Trompetenstöße auch bei verhängnißvollen Ereignissen, wie beim Ausbruche eines Krieges, angeordnet sind, damit Gott der Gemeinde Israels gedenke und ihr gegen die Feinde helfe (ebendas. B. 9), so soll das Blasen offenbar ein Mittel sein, im Jubel, wie in der Bedrängniß, zur innigen Andacht zu erwekken, die Gedanken auf den Spender alles Guten und den Helfer in der Noth zu lenken und eben durch dieses Denken an Gott das Gedachtwerden vor Gott d. h. die gnadenreiche göttliche Obhut und damit die Fortdauer des Guten oder die Erlösung vom Uebel zu erzielen. Nun galt das Erscheinen des Neulichtes als ein freudiges Naturereigniß, womit aber auch als dem Anfange eines neuen Zeitabschnittes das Bedürfniß der göttlichen Hilfe für die dunkle Zukunft lebendiger gefühlt wird. Gleichwohl erhob sich bei der häufigen Wiederkehr des Neumondes das Gefühl der Freude und der Sorge nicht zu dem Maaße, eine höhere Festfeierlichkeit zu veranlassen. Eine solche vollständige Feier Eines Tages blieb ausschließlich dem siebenten Neumonde Tischri vorbehalten, welcher vermöge der Heiligkeit der Siebenzahl eben sowohl als Gipfel- und Glanzpunkt der Monde gilt, wie der siebente Tag für die Wochentage und das siebente Jahr für die Jahre. Am Anfange dieses Monats erhielten die blos flüchtigen Empfindungen während der übrigen Neumonde ihre vollste Stärke, und mußte daher die andächtige Stimmung, das Bedürfniß der göttlichen Obhut, des göttlichen Angedenkens den vollsten Ausdruck finden, somit auch das auf Gott lenkende Schmettern der Trompeten die hervorragendste Handlung des Cultus werden. Darum wird das „Gedenkblasen" die eigentliche Be

ſtimmung des Feſtes und dieſes ſelbſt „ein Tag des Blaſens‟ (Jom
Therual)) oder, wie in den Gebeten, „ein Tag des Angedenkens vor
Gott‟ genannt.

Rede zu den Kindern Israels ſprechend: am ſiebenten Monde
am Erſten des Monats ſei euch ein Ruhetag, ein Gedenkblaſen, eine
heilige Verſammlung. Levit. 23, 24.

190. Erſt nach der Rückkehr der Juden aus dem babyloniſchen
Exile wurde dem Feſte des ſiebenten Neumondes der Charakter eines
Neujahrsfeſtes verliehen, der Tiſchri zum Anfange der Jahreszeiten
überhaupt geſtempelt und der Niſan blos als Jahresanfang für die
Schöpfung des Bundesvolkes betrachtet. Dadurch hat das Feſt an Heili=
gungskraft viel gewonnen und ſeinen urſprünglichen Beruf bedeutend
erhöht und erweitert-:

1. Es iſt der Beginn eines ſehr beträchtlichen Zeitabſchnittes, eines
ganzen Jahres, und der Menſch bangt in Leid und Freud’ inmitten der
wechſelnden Strömung der Zeiten für ſein zukünftiges Schickſal und
lenkt das Herz mit Andachtsgluth auf den hocherhabenen Schickſals=
lenker, der ſein Loos, ſein Leben und Sterben beſtimmt, damit vor dem
heiligen Gottesthrone ſeiner in Gnade g e d a ch t w e r d e.

2. Es iſt ferner eine Gedächtnißfeier der Welt= und namentlich der
Menſchenſchöpfung, und der Feiernde erhebt ſeinen Geiſt zum Hin=
ſchauen über die verfloſſenen Jahrtauſende mit ihren endlos dahinflu=
thenden Geſchlechtern, wie zum allweiſen und allmächtigen W e l t e n =
k ö n i g , der alle Weſen gebildet und ihnen ſchon vor ihrem Daſein ihre
Laufbahn vorgezeichnet, der all’ ihre geheimſten Regungen kennt, mit
ſeinem allſehenden Auge das dichteſte Dunkel durchdringt und in der
Geſchichte der Menſchheit als den flammenden Rächer des Böſen und
den liebreichſten Vergelter des Guten ſich bewährt, Jeden nach ſeinem
Thun und Laſſen r i ch t e n d. Auf dieſe Weiſe wird der Tag eine

dringende Mahnung an das allwissende und unbestechliche Gottesgericht, ein Jom Haddin, und ein mächtiger Antrieb zur strengen Prüfung des eigenen Thuns und Lassens.

3. Es ist auch eine Gedächtnißfeier der Offenbarung auf Sinai. Indem nämlich der Israelite den Blick auf die verflossenen Menschengeschlechter mit ihren Geschicken und Thätigkeiten hinschweifen läßt, haftet dieser Blick vor Allem an Israel, das auf Sinai als Sonne aus der Heidenwelt hervorbrach, ein Licht der Völker zu werden, und in der Verfolgung dieses hohen Berufes ein so wunderbares und unvergleichliches Schicksal erfuhr.

4. Endlich führt diese Betrachtung der Laufbahn Israels und der gesammten Menschenwelt von selbst auch zum Gedanken an das hohe Ziel Israels und der Menschheit, an die Vereinigung aller Nationen zur Anbetung des Einig-Einzigen, zum Gedanken an das Messias-reich, das für diesen, über die nationalen Schranken weit hinaus-hebenden Tag selbst im alten Cultus als ein solches erscheint, in welchem alle Menschenkinder Ein Bund werden, Gottes Willen mit ganzem Herzen zu vollziehen.

Keines meiner Gebeine war dir, o Gott, verborgen, als ich gewebt wurde in der Tiefe der Erde, meinen gestaltlosen Keim sahen deine Augen, in deinem Buche stehen Alle verzeichnet, die in kommenden Tagen gebildet werden und von denen noch kein Einziger vorhanden ist. Ps. 139, 15. 16. Am Jahresbeginne läßt Gott alle Weltbe-wohner musternd vor sich vorüberführen, wie der Hirt seine Heerde, wie es heißt: er bildete Aller Herzen und kennt all' ihre Werke. Mischnah Rosch Haschanah 16 a. Regiere, o Gott, über die ganze Welt in deiner Herrlichkeit, erhebe dich über die ganze Erde in deiner Majestät und strahle im Vollglanze deiner Hoheit über alle Bewohner deines Reiches! . Dieser Tag ist der Anfang deines Werkes, eine Erinnerung an den ersten Tag, er ist ein Gesetz für Israel, ein Gericht dem Gotte Jacobs . . . Wer wird heute nicht geprüft, da das Andenken an alles Gebildete vor dich kömmt, des Menschen Thun und Sinnen, seine Schritte, Gedanken, Pläne und Regungen! (Worte Rab's im Mussaphgebete des Neujahrsfestes). Laß, Ewiger, unser Gott, die Ehrfurcht vor dir walten in all' deinen Werken . . und vor dir sich beugen alle Geschaffenen, daß sie Alle Eine Gemeinde werden zum Vollzuge deiner Befehle mit vollem Herzen. Ebendas.

Anm. Der Ausdruck „Rosch Haschanah" in Jechesel 40, 1. beweist durchaus nichts für den neujahrfestlichen Charakter des ersten Tischri, indem sehr gewichtige Bibelerklärer denselben auf den Monat Nisan beziehen.

191. Diese, mit dem Neujahrsfeste verbundenen Vorstellungen, werden sinnbildlich auch durch den Trompetenschall ausgedrückt. Dieser erinnert 1) an das Blasen beim Einbruche des Feindes (Num. 10, 9) und fordert zum Kampfe auf gegen den innern Feind, die Sünde, 2) an die Gesetzgebung auf Sinai, wobei das Schophar ertönte, 3) an das Messiasreich, bei dessen Gründung mächtige Posaunentöne unsere und aller Welt Freiheit und Erlösung verkünden werden, und ist endlich 4) eine dem Weltenkönig dargebrachte Huldigung, wozu der Psalmist mit den Worten auffordert: preist Ihn (Gott) mit schallenden Cymbeln! (Ps. 150, 5.)

Anm. Auch im Mussaphgebete des Neujahrsfestes ist diese sinnbildliche Bedeutung des Blasens fast durchweg hervorgehoben.

192. Vom Blasen mit dem üblichgewordenen, Schophar genannten Instrumente ist beim siebenten Neumonde in der Schrift durchaus keine Rede. Vielmehr duldet es nach Erod. 10, 10. keinen Zweifel, daß auch an diesem Feste, wie bei den übrigen Festen und Neumonden, mit zwei silbernen Trompeten geblasen worden. (Er. 10, 2.) Die Psalmworte: „Blaset im Monate mit dem Schophar", (Ps.

81, 4) beziehen sich überhaupt gar nicht auf das Neujahresfest, noch auf irgend einen Neumond. Erst in der nachbiblischen Zeit entstand das Blasen mit dem Schophar unter Begleitung von Trompeten. Doch durfte eine solche Begleitung blos im Tempel, nicht aber außerhalb desselben stattfinden, weil man kein anderes Gotteshaus für heilig genug hielt, Gott dieselbe volle Huldigung in ihm darzubringen, wie im Heiligthume Zions. (S. Rosch Haschanah 26 b. u. 27 a.) Selbstverständlich können wir diesen Grund nicht gelten lassen, und so ist die Wiedereinführung der Trompetenbegleitung zur Erhöhung der Feierlichkeit sicherlich zu wünschen.

193. Endlich ist das Neujahresfest als Zeit der Selbstprüfung zugleich eine Vorfeier für das Sühnfest. Das Werk der innern Rückkehr zu Gott, welches an Ersterem beginnt, wird am Letzteren vollendet. Die Tage zwischen beiden Festen werden daher als eine, der Buße geweihte Uebergangszeit betrachtet, während welcher ein Zustand der Schwebe herrscht und der Mensch an den Fesseln der Sünde rüttelt, ohne sie noch ganz gebrochen zu haben, gleich jenen Sklaven, welche im Jobeljahre vom Neujahresfeste an wohl der Dienstbarkeit entrinnen, aber noch nicht in die Heimath zurückkehren können, bis sie der Schopharschall des Sühnfestes zur vollen Freiheit rufet. (Rosch Haschanah 8 b.)

Das Sühnfest (Jom Hakkippurim).

194. Die Krone aller Feste ist das Eintägige Sühnfest am 10. des siebenten Monats Tischri; es ist vollkommen dem Sabbath gleichgestellt und wird wie dieser „Ruhetagsfeier" genannt und durch Unterlassung einer jeden, selbst an sonstigen Festen gestatteten Arbeit geheiligt. Die Bestimmung des Festes ist: Reinigung von der Befleckung der Sünde durch glühende Reue und Bußübung, Erneuerung des gestörten Bundes mit Gott durch Erhebung zum Allvater, der das verirrte, aber aufrichtig zu ihm zurückkehrende Kind reich an Erbarmen und Ver-

13

gebung wieder an's Herz nimmt. Der Sabbath will den Bund zwi=
schen Gott und Menschen befestigen und letzteren vor dem Falle
bewahren, der Sühntag will den zerrissenen Gottesbund wiederher=
stellen und den gefallenen Gottessohn wieder aufrichten.

Im siebenten Monate, am zehnten des Monats sollt ihr euch ka=
steien und keinerlei Arbeit thun, der Eingeborene und der unter euch
wohnende Fremdling; denn an diesem Tage soll er (der Priester)
euch sühnen, euch zu reinigen, von all' eueren Sünden sollt ihr
vor Gott rein werden; eine Ruhetagsfeier sei er euch. Levit. 16,
29—31.

195. Der Name des Festes „Jom Hakkippurim" bedeutet eigentlich
„Tag der Bedeckung". In der biblischen Sprache heißt dieser Ausdruck
„bedecken": einen Schaden hinwegräumen und das Beschädigte wieder=
herstellen. Und darin besteht eben das Wesen der Sühne. Die
Sünde ist Zerrissenheit des Menschen in sich selbst, ein Zwiespalt zwi=
schen seiner übersinnlichen und sinnlichen Natur, welcher letzteren die
Sünde entstammt. Die Sühne hebt diesen Zwiespalt wieder auf, führt
die sinnliche Natur zurück in den Dienst des gottentstammten Geistes
und stiftet Frieden des Menschen mit sich selbst und mit seinem Gotte.
Das heißwallende Blut, der Feuerheerd der thierischen Triebe, von wel=
chem aus die verheerende Fackel der Zwietracht geschleudert worden,
flammt wieder aufwärts zum Heiligthume und will Gott geweiht wer=
den, wie das gegen die Sühnplatte gesprengte Blut des geopferten Thie=
res. Mit dieser Gottesweihe wird der sündenhafte Zustand
durch den eigenen freien Willen des Menschen aufgehoben und die be=
reute Sünde selbst durch Gottes Gnade vergeben und getilgt.

196. Die Sühne kann also überall ausschließlich vom Schuldigen
selbst ausgehen, nicht aber von Gott oder von einem fremden Vermittler
zwischen Gott und Menschen. Allerdings erscheint in der Schrift der

opfernde Priester als der Sühnende und das Opfer zur Erlangung der Sühne nothwendig, allein der Priester war blos der Stellvertreter dessen, welcher das Opfer darbrachte und das Sprengen des Opferblutes gegen das höhere Heiligthum nichts anderes, als eine sinnbildliche Handlung, welche den Eigenthümer des Opfers zur heiligen Weihe des eigenen Blutes erwecken soll. Seit der Zerstörung des Tempels ist in der That das Opfer, wie der Priester, nutzlos und überflüssig geworden. In solcher Weise liegt dem Sühnfeste einer der erhabensten Gedanken des Judenthums zu Grunde: die Unmittelbarkeit im Verhält= nisse zwischen Gott und Menschen, eine Unmittelbarkeit, die jede fremde Vermittelung und Fürsprache zwischen Vater und Kind ausschließt und Letzteres befähigt, durch eigene Kraft selbst aus der tief= sten Versunkenheit sich emporzurichten und Gottes vergebende Gnade zu erringen.

Ephraim! Was bedarf's noch neben mir der Götzen? Ich erhöre und bewache es, ich bin dir eine immergrünende Tanne, von mir er= hältst du deine Frucht, Hof. 14, 9.

Die Priester sind nicht Gottes Boten, sondern unsere Boten. Joma 18 b. Nedarim 35 b.

197. Die sittliche Reinigung durch die Buße wird erst dann vollzogen, wenn sie später zur sittlichen Heiligung führt; im ent= gegengesetzten Falle ist die Buße eine todtgeborene und kann weder süh= nen, noch göttliche Verzeihung bewirken. Wer seine Vergehungen be= reut und dennoch zu sündigen fortfährt, der gleicht — wie unsere Alten sinnig lehren — demjenigen, welcher ein Reinigungsbad nimmt und zu= gleich ein verunreinigendes Thier festhält.

Warum fasten wir und du siehest nicht, kasteien uns und du achtest nicht? Ach! An euerem Fasttage verrichtet ihr euer Gewerbe und all' euere Arbeiter drängt ihr! Ach, zu Streit und Händeln fastet ihr, zu=

zuschlagen mit frevelnder Faust. Jes. 58, 3. 4. Wer spricht: ich will sündigen und Buße thun, der wird nicht zur Buße zugelassen. Joma 85 b.

198. In Bezug auf Vergehungen gegen Mitmenschen, wie Diebstahl, Verleumdung und Beleidigung, bleibt die Buße so lange fruchtlos, bis der Verletzte in möglichster Weise entschädigt und um Vergebung der Uebelthat dringend gebeten wird, wogegen der Gekränkte gleichfalls verpflichtet ist, sich versöhnlich zu erweisen und der Bitte des Reuigen nachzugeben. Ist der Verletzte mit Tod abgegangen, so ist der ihm zugefügte Schaden den Erben zu ersetzen und ihm selbst am Grabe öffentlich Abbitte zu thun. (Maimonides Tschubah II. 9—11).

199. Der eigentliche hebräische Ausdruck für Fasten ist Zom. Das Festgesetz gebraucht aber hiefür die Bezeichnung annoth nephesch: Demüthigung der sinnlichen Lebenskraft, und damit ist die wahre Bestimmung des Fastens angegeben. Der Zweck desselben ist nicht das Hinopfern von menschlichem „Fett und Blut‟, sondern das darin ausgesprochene demüthigende Bekenntniß des schuldigen Menschen: mein leibliches Leben, das mich zum Abfalle von Gott führte, hat das Recht verloren, am Tische Gottes zu schwelgen, sich vom göttlichen Eigenthume zu nähren. Es tritt hier in der schärfsten Weise der große Gedanke hervor, welcher die ganze Mosislehre durchzieht: daß nämlich nur der Mensch, welcher sich auch sittlich als Gottes Ebenbild bewährt, die Befugniß zur Herrschaft über die vernunftlose Natur besitzt.

200. So wird das Sühnfest zugleich die Bedingung für das ihm folgende Freudenfest in Bezug auf die von Gott gespendeten Mittel des sinnlichen Genusses, wozu nur der Gesühnte berechtigt ist.

Das Sukkoth- und Azerethfest.

201. Das Laubhüttenfest beginnt am Abend des 14. Tischri und dauert sieben Tage; die Ruhefeier beschränkt sich auf den ersten Tag.

Die Hauptbestimmung desselben ist freudiger Dank gegen Gott wegen der eingesammelten Wein=, Oel= und Obstfrüchte. Der Israelite soll während dieses Festes im Gedanken an Gott frohen, heitern Gemüthes die Gaben der Natur genießen und aller kleinmüthigen Sorge um die Zukunft im Vertrauen auf den Spender alles Guten sich entschlagen, an seiner Freude aber auch Arme und Verlassene theilnehmen lassen und ihr auf diese Weise erst die rechte Weihe geben. Er soll ferner durch das Wohnen in einer Laubhütte des Aufenthaltes Israels in der Wüste gedenken, wo die Pilger in Hütten wohnten und Entbehrungen allerlei Art erdulden mußten, und durch den Hinblick auf diese mühevolle Wanderung die gegenwärtige Sicherheit in festen Wohnsitzen, gepaart mit solchem Ueberflusse an allem Guten und Köstlichen, den Werth seines, ihm von Gott verliehenen Besitzes erst recht schätzen lernen (vergl. Moreh III., 43). Ebenso soll die Erinnerung an die ehemalige Noth vor Stolz und Uebermuth, vor thörichter Ueberhebung gegen Arme und Bedrängte schützen.

Ein Fest der Hütten sollst du dir halten, wenn du eingesammelt in deiner Tenne und deiner Kelter. Und freuen sollst du dich an deinem Feste, du und dein Sohn und deine Tochter und dein Knecht und deine Magd und der Levit und der Fremdling und die Waise und die Wittwe, die in deinen Thoren. Sieben Tage sollst du feiern dem Ewigen, deinem Gotte, an dem Orte, den der Ewige erwählen wird; denn segnen wird dich der Ewige, dein Gott, in allem deinem Ertrage und all' deinem Händewerke, und du sollst nur fröhlich sein. Deut. 16, 13—16. In Hütten sollt ihr wohnen sieben Tage . . . damit eure künftigen Geschlechter wissen, daß ich in Hütten wohnen ließ die Kinder Israels, als ich sie herausgeführt aus dem Lande Mizraim. Levit. 23, 42. 43.

202. Zur Feier der Erntefreude sollen die Bewohner Palästina's

auch heimische Zweige und Baumfrüchte köstlicher Art als Stellvertreter
der Obsternte, so wie Bachweiden zur Erinnerung an die befruchtenden
Wasserströme im Gegensatze zur öden und lechzenden Wüste jubelnd tra=
gen (vergl. Moreh III. 43). Für uns würde der Zweck dieser Vor=
schrift nur durch Aufstellung der kostbarsten Früchte u n s e r e s Landes
an geweihter Stätte erfüllt werden.

Und ihr sollt euch nehmen am ersten Tage Frucht schöner Bäume,
Palmenzweige und Aeste von dichtbelaubten Bäumen und Bachweiden
und euch freuen vor dem Ewigen, euerem Gotte, sieben Tage. Levit.
23, 40.

203. Am achten Tage wird das Azereth=Fest gefeiert, das einen
ganz andern Charakter, als das Hüttenfest trägt und für welches weder
das Wohnen in der Hütte, noch die Erntefreude stattfindet. Es ist da=
her keineswegs die Schlußfeier des Sukkothfestes, sondern das l e t z t e
F e s t   d e s   J a h r e s, ein Sammelpunkt für die lichtvollen Gedanken
sämmtlicher Feste. An ihm soll die ganze Reihe verflossener Feste noch
einmal überschaut und der ganze Schatz ihrer weihenden Eindrücke zur
fortdauernden Segensspende gesammelt werden, so wie man in der
Scheidestunde die Züge eines geliebten Freundes sich recht tief einzu=
prägen und die mit ihm verlebten süßen Tage im Geiste von Neuem
durchzuleben sucht. Die Grundbedeutung des Namens A z e r e t h ist
daher in Bezug auf dieses Fest: hemmen, v e r s c h l i e ß e n, vor Ver=
f l ü c h t i g u n g s c h ü t z e n.

Am achten Tage sei euch Azereth, keinerlei Dienstarbeit sollt ihr
verrichten.

204. Da die israelitischen Feste die Wohlthaten Gottes für Israel
durch wunderbare Führungen und das ihm gewordene Wort der Offen=
barung vorzugsweise verkünden, so führt die Bestimmung der Azereth=
feier, sämmtliche Feste im Geiste festzuhalten, von selbst auf den Ge=

danken an die Auserwähltheit Israels zum Heile der Völker. (Vergl. Sukkah 55 b.)

A n m. Nachmanides zu Levit. 23, 36 sieht in dem Ausdruck Azereth eine di-rekte Hinweisung auf Israel als den S a m m e l p u n k t aller göttlichen Of-fenbarungsschätze.

205. Da nach allgemein gewordenem Gebrauche an diesem Feste jährlich die Thorah zu Ende gelesen und wieder begonnen worden, so verband man in sehr später Zeit auch die Feier der Gesetzesfreude (Sim-chath-Thorah) mit demselben. Eine Spur dieser Feier in älteren Schriftwerken findet sich blos in einer Midraschstelle. (Vergl. Beth Joseph zu Tur O. Ch. 669).

Das Weihfest (Chanukkah).

206. Das Chanukkahfest beginnt am 25. des neunten Monats Kislev und dauert acht Tage zur Feier des ewig denkwürdigen Sieges, welchen zur Zeit des zweiten Tempels das heldenmüthige Makkabäer-geschlecht über die weit überlegene Macht der Syrer für Gott und seine heilige Lehre errungen, indem der syrische König Antiochus Epiphanes dem Gottesvolke das griechische Heidenthum aufzwingen wollte und schon den heiligen Tempel durch Götzenbilder verunreinigt hatte. Das Andenken an diesen Sieg verdient eine um so höhere Feier, als durch denselben Israel mit seiner Thorah nicht blos vom Untergange errettet wurde, sondern zu neuer glorreicher Blüthe gelangte. Die Gotteshel-den schlugen, gering an Zahl, die Legionen des Tyrannen, räumten die Götzen hinweg aus dem Heiligthume, erneuerten die Weihe des Tem-pels und ließen ihn festlich beleuchten. Daher wird in Israel bis auf den heutigen Tag dieser glänzende Triumph der Wahrheit über die Lüge durch Beleuchtung der Häuser und Synagogen, wie durch Lobgesänge gefeiert.

Das Fest der Loose (Purim).

207. Das Purimfest wird Einen Tag am 14. des 12. Monats Adar oder — in einem Schaltjahre — am 14 des 13. Monats Weadar gefeiert zur Erinnerung an die Errettung der Juden im persischen Reiche von Haman's boshaften Plänen durch Mordechai und Esther. Der Name Purim (Loose) rührt davon her, daß der, in heidnischen Aberglauben versunkene Bösewicht durch Loose zu ermitteln suchte, in welchem Monate ihm die Absicht der Tilgung der Juden gelingen werde. Das Loos sprach für den Monat Adar, aber Gott wendete das Loos zu Gunsten der Juden und zum Verderben ihres Verfolgers und ließ diesen in die Grube sinken, die er Anderen graben wollte. (Buch Esther 3 u. 8).